浙江金融职业学院省重点高职院校系列建设成果

浙江金融职业学院商务英语省优势专业系列建设成果

优势专业背景下的学科服务研究

Study on Subject Service in Accordance with
the Integrated Development of Advanced Majors

卿　毅　曹深艳　著

浙江工商大学出版社
ZHEJIANG GONGSHANG UNIVERSITY PRESS

图书在版编目(CIP)数据

优势专业背景下的学科服务研究 / 卿毅，曹深艳著.
—杭州：浙江工商大学出版社，2018.5
　ISBN 978-7-5178-2770-2

　Ⅰ.①优… Ⅱ.①卿… ②曹… Ⅲ.①院校图书馆—
图书情报工作—研究 Ⅳ.①G258.6

　中国版本图书馆 CIP 数据核字(2018)第 119806 号

优势专业背景下的学科服务研究

卿　毅　曹深艳 著

责任编辑	王黎明
封面设计	林朦朦
责任印制	包建辉
出版发行	浙江工商大学出版社

（杭州市教工路 198 号　邮政编码 310012）

（E-mail:zjgsupress@163.com）

（网址:http://www.zjgsupress.com）

电话:0571-88904980,88831806(传真)

排　　版	杭州朝曦图文设计有限公司
印　　刷	虎彩印艺股份有限公司
开　　本	710mm×1000mm　1/16
印　　张	11.75
字　　数	152 千
版 印 次	2018 年 5 月第 1 版　2018 年 5 月第 1 次印刷
书　　号	ISBN 978-7-5178-2770-2
定　　价	42.00 元

前　言

　　2017 年 10 月，党的十九大报告指出，"中国特色社会主义进入新时代，我国社会主要矛盾已经转化为人民日益增长的美好生活需要和不平衡不充分的发展之间的矛盾"。我国社会的基本矛盾已经发生了新的变化，人民群众从生存需求走向了发展需求。自 2011 年开始，我国普高毕业生人数呈现下降趋势，人民群众对高等教育的需求从"有学上"逐渐升级为"上好学"，对优质高等教育需求不断增长。教育要从普及走向更高质量、更加公平，要加快现代化进程，实现教育强国。

　　占据中国高等教育半壁江山的高等职业教育，为实现高等教育大众化起着基础性和决定性作用。新时代的高等职业教育面临新的挑战，产业转型升级以及大数据时代的到来，对劳动者素质和技能提出了更高的要求。"中国制造 2025""互联网＋""大众创业、万众创新""精准扶贫""一带一路"等重大国家决策，为高等职业教育提出了新要求。打造"世界一流的职业院校和骨干专业，形成具有国际竞争力的人才培养高地"，成为高职发展的重中之重。在这高职教育迅猛发展的新时代，各高职院校积极开拓创新，努力创特色谋发展，各省级教育行政部门积极参与认真部署，浙江、广东、河北、安徽、江西、湖南、海南、重庆、四川、贵州、云南、陕西、山东等省市均印发了落实行动计划的实施方案，并相继启动了优质高职院校和骨干专业等项目遴选工作。建设一批定位准确、特色鲜明、较高水平的国内一流、国际知名的高职院校,成为高职院校再次发力的重要抓手。无论是"优质校""重点校""骨干校""一流校"建设,还是"优势专业""骨干专业""重点专业""特色专业"建设,内涵建设将是今后高职院校建设的重心。也就是说,高职院校要以优质校建设和优势特色专业建设促进高等职业教育内涵建设的持续深入,为实现高职教育可持续发展奠定基础。

2017年,浙江金融职业学院被列入"浙江省重点建设高职院校"。全校21个专业,其中金融管理、会计、国际贸易实务、保险、投资与理财、市场营销、商务英语为浙江省优势专业;计算机信息管理、国际金融、国际商务、农村金融、财务管理、文秘为浙江省特色专业;主持金融专业国家教学资源库、国际贸易专业国家教学资源库、金融专业教学资源库升级改进支持项目;拥有省级以上精品课程33门,其中国家级精品课程8门,国家级精品资源共享课8门;建有8个校内国家级实验实训基地,60余个省级校内实验实训基地,200多个校外实习基地和100余个校外紧密型产学合作基地。学校紧紧抓住国家加快发展现代职业教育和浙江省打造万亿级金融产业的有利时机,积极创新办学理念与发展思路,实现人才培养质量和整体办学实力跨越式发展。浙江金融职业学院图书馆紧跟学校"重点校建设"规划,在充分把握学校办学与育人特色的基础上,立足高职教育实际,在"优质校"建设重点的指引下,深度挖掘优势专业用户需求,创新学科服务模式,助推优势专业发展,助力优质重点校建设。

高职院校创新教育教学改革发展以及高素质人才的培养,均离不开图书馆丰富的文献信息资源及服务,图书馆开展学科服务是高职院校内涵建设的必然要求。学科服务对于重点高校来说已经相对普及,当前全国各高校图书馆为了顺应网络、信息时代的挑战,以用户为中心,以学科馆员或学科服务团队为主体,以图书馆文献信息平台为支撑,以学科化、个性化、知识化服务为手段,以提升用户信息获取与信息利用能力为目标,为院系用户提供有力信息保障的专业化服务模式。但是对于高职院校来说,学科服务还处于摸索阶段,大多停留在入馆教育、培训讲座、参考咨询等较低层次。因此,高职院校图书馆不但要做好日常基础性服务,还要积极开展学科化服务,借鉴国内外知名高校图书馆学科服务实践经验和理论成果,结合高职院校图书馆的实际情况,通过全面分析高职院校优势专业用户的信息行为和信息需求,配合优势专业在人才培养、教学改革、科学研究和创新创业等方面的建设任务,针对教师、科研人员和学生的需求,依据学校的学科与专业建设规划,跟踪市场需求与职业岗位变化,开展嵌入式学科服务,积极探索适合高职院校图书馆的学科服务模式。这不仅是高职院校图书馆服务功能的深化,也是高职院校基于优质校建设和优势专业建设改革发展的必然趋势。

本书第一作者卿毅从事高职院校图书馆参考咨询工作十余年,作为浙江金融职业学院图书馆学科服务团队主要负责人,在高职院校图书馆学科服务领域,具有一定的理论基础和实践经验。第二作者曹深艳教授具有 35 年高校教育教学经验,其中从事高职专业建设工作 17 年,积累了丰富的专业建设经验,作为浙江金融职业学院商务英语优势专业带头人和用户,对图书馆学科服务工作也有独到的见解。在本书的写作过程中,我们借鉴了国内外研究成果,参考、引用了许多专家学者的相关论著,在此表示由衷的感谢。限于作者的学识和精力,书中难免还有许多不足之处,敬请读者谅解,并欢迎批评指正。

作　者

2018 年 5 月 20 日

目　录

第一章　国内外高校图书馆学科服务比较

第一节　国内外用户图书馆意识比较

一、用户图书馆意识概述

1. 意识

意识是个哲学、心理学的概念,同时它影响面广,指向宽泛,在意义层面与诸多事物、现象有关联。根据哲学、社会科学的观点,意识是在劳动的基础上和语言同时出现的,一开始就是社会运动的产物,从广义上来说和观念同义,是"高度组织起来的特殊物质即人脑的机能和属性,是人所特有的对客观世界的映象"①。从心理学的角度来说,意识是"心理发展的最高水平,也是反映的最高形式。它能将感知、思维等心理活动提高到'自觉'的程度"②。由此可见,意识是人所特有的对客观存在产生的精神活动,包括感性的和理性的认识及情感、意志等一系列复杂的心理活动形式。

2. 图书馆意识

一方面,图书馆作为一个人类社会生活中不可或缺的文化常设

---

① 宋原放:《简明社会科学词典》,上海辞书出版社 1982 年版,第 1050 页。
② 杨清:《简明心理学词典》,吉林人民出版社 1985 年版,第 370 页。

机构,具有强烈的社会性。另一方面,图书馆能最直接、最全面、最具体地为公众服务,与公众关系极为紧密,具有强烈的公众性。由于它与社会、公众生活息息相关,它不能不成为一个特定的反映物,作用于公众的头脑和心理,公众自然就产生了对它的认识、关注与理解,图书馆就这样走进公众的意识视野中。尤其是围绕公众自身与图书馆的关系,对如何利用图书馆以及是否满意图书馆服务等,公众的意识中自然产生相应的看法、观点和意见。这就是对图书馆意识的一般性的、具体的表述。从概括或本质上的意义来说,"图书馆意识"就是图书馆和图书馆活动在人们头脑中的反映,是个人或社会对图书馆的认识态度和价值取向。其具体地可以理解为:(1)人们对图书馆的自觉的反映,也就是当人们有了文献信息需求时,能够有意识地想到图书馆,进而自觉、主动地利用图书馆;(2)领导人员意识到图书馆在提高社会成员的综合素质,构建阅读社会中的地位,发挥图书馆在全民阅读中的作用,从而主动关心、支持图书馆的建设和事业的发展;(3)图书馆工作者意识到"读者第一,服务至上",想方设法吸引更多的社会公众到图书馆来,为他们提供满意的服务,使图书馆的功能得到最大限度的发挥。

3. 用户图书馆意识

用户对图书馆的最大需求是利用图书馆丰富的文献、信息、知识资源进行学习。在此基础上,长此以往,用户就会产生一种追求,形成自己利用图书馆的意识,我们将其界定为用户充分利用图书馆的自觉意识,即用户图书馆意识。所谓自觉意识,也可称为主动意识,即用户主动利用图书馆的意识,它往往能更好地反映图书馆的服务水平,收到更好的反馈效果,以及促进图书馆工作的改进与提高。

二、国内用户图书馆意识

1. 图书馆意识薄弱

虽然图书馆在我国可以说是历史悠久,但是受到漫长的奴隶制度和封建制度的影响,历代统治者都对书籍进行限制以达到禁锢人的思想的目的。所谓藏书,也主要是为皇家贵族等极少数人所用,这种狭隘的藏书观不但禁锢了人们的思想,还在相当大的程度上限制了书籍的广泛流通和利用。我国图书馆这种"重藏轻用"的现象,极大地限制了人们对知识的渴求,造成我国图书馆发展极其缓慢,同时极大地影响了用户对图书馆意识的确立。由此可见,我国的用户图书馆意识薄弱,根深蒂固,难以改变。而且,随着现代信息网络技术的迅猛发展,图书馆的地位和利用率也随之降低,人们可以在任何一个地方轻松上网查找资料。在这种情况下,人们本已薄弱的图书馆意识更是出现了日渐削弱的趋势。

有资料显示,英国5839万人口中,有3387万人拥有图书馆借书证,占总人口的58%;一年中,入馆人次达3.77亿次,年人均达6.45次。我国香港地区中央图书馆所发借书证数量超过所辖新界人口总和。美国图书馆协会1998年进行的一项民意测验表明:三分之二的美国人拥有图书馆的借书证。1997年有64%的美国人至少去过一次图书馆,十分之一的人至少去过25次。而我国大陆在2000年时县以上公共图书馆仅有持证读者623万个,接待读者1.88亿人次;经济发达地区好于经济欠发达地区,但即使是在经济发达地区,例如东南沿海地区,图书馆的公众性也远未发挥到位,人们自觉利用图书馆的意识还有待提高。为什么会有如此大的差距? 有学者认为这是我国大陆的用户缺乏图书馆意识,或者说我国大陆的用户图书馆意识淡薄,大多数人不了解图书馆,甚至不知道图书馆。

19世纪初,由英国图书馆学者爱德华兹等人发起"公共图书馆运动",这是西方图书馆发展历史上的一件大事,是一次针对公众的图书馆思想启蒙运动。它最显著的业绩在于使图书馆意识深入人心,极大地唤醒了公众利用图书馆的热情。而我国,虽然图书馆的社会发展环境和信息技术条件都不同于以往,但图书馆向真正意义上的现代化发展还有相当长的路程,用户图书馆意识薄弱这一现实问题也日益突出,这将成为我国图书馆未来发展过程中需要引起重视的一个方面。

2. 用户图书馆意识薄弱的原因分析

我国用户图书馆意识薄弱,除了历史原因外,还有许多不容忽视的现实原因,而这些恰恰是最重要的原因。一是全民阅读习惯有待加强。用户需求少,学习愿望不高,难以形成全民阅读的良好氛围,使得图书馆藏书的流通性与传播性较差。二是图书馆自我宣传力度弱。由于图书馆属于政府投资的事业性机构,无须担心自负盈亏的经济效益,因此其从不做任何商业性的宣传广告;但是图书馆如果不主动自我宣传,树立良好的服务形象,就很难唤醒、激发和强化用户图书馆意识。三是图书馆管理效率低下。由于我国图书馆体制一直存在着缺陷,造成图书馆缺乏必需的用户人文关怀,例如借阅证办理难、费用高,借阅限制多等,导致用户对图书馆产生了距离感。表面上看似乎是我们的图书馆经费不足、数量不多,但实际上就是现有的图书馆也并没有充分挖掘其潜力,没有发挥出它对用户的影响和吸引力。事实上,我们的图书馆在为用户服务方面,确实有极大的潜力可挖,但关键是要首先提高我们的管理效率和水平。四是图书馆服务水平不高。用户的满意度直接取决于图书馆服务,而用户最不满意的地方就是图书馆的服务。图书馆服务成为直接影响和吸引公众的前沿和关键。许多好的服务举措难以应用于实际,也难以落实到位,这既有图书馆管理上的问题,又有我们图书馆人员素质不高的阻碍。近些年来,学术界开展的对图书馆人文实质的诸多研究,有利于转变我们对用户的片面认识,有利于我们加深对图书馆服务的认识。

3.加强用户图书馆意识的意义

(1)从图书馆事业发展空间来看

社会事业的发展和繁荣除了受到经济、文化、教育和科技等因素的制约和影响,还受制于全社会对它的了解和认识。而这种了解和认识的普及和提高,一旦形成了自觉的社会意识,就会成为这个事业生存和发展的原动力。图书馆事业的发展也不例外。

但是,由于长期的传统心理变化和多年的政治变迁,我国图书馆的社会作用一直微不足道。许多社会人士根本不了解图书馆,也不知道如何利用图书馆。这样,图书馆的社会职能就无法实现,人们对图书馆的关注和重视也就会不复存在。没有社会和公众的支持,图书馆势必发展缓慢,这又进一步加深了用户图书馆意识的淡化,从而图书馆的发展就出现了一个恶性循环的状态。尽管全民族的文化水平有了极大的提高,对图书馆的需求也有所增加,但是在这个追求经济快速增长的时代,与那些能较快体现经济效益的社会机构相比,图书馆受到的重视程度还是逊色了许多;再加上图书馆的服务对象主要以文化科研人群为主,使得用户图书馆意识的缺乏成为普遍现象。因此,图书馆加强宣传显得格外重要。它必须通过对自身的功能、作用及利用方法等进行广泛而持续的宣传来体现其满足用户需求的能力,在社会和用户面前树立良好形象,让广大用户多认识、多了解和多接触,增强用户对图书馆的信任度和依赖度,才能使用户形成图书馆意识,从而使其在有了文献信息需求时,能主动地想到图书馆、利用图书馆。由此可见,用户图书馆意识形成的快慢与图书馆的自我宣传能力的高低、宣传效应的强弱和宣传时间的长短成正比。如果图书馆自我宣传能力越高,宣传效应越强,宣传时间越长,用户图书馆意识就形成得越快,人们对图书馆的观念更深入人心,进而会形成一种重视图书馆、支持图书馆事业的良好社会环境,从而图书馆事业的发展将步入一个良性循环轨道。由此可见,加强用户图书馆意识将使图书馆事业赢得更广阔的发展空间。

(2)从促进社会发展的角度来看

图书是人类在各个时代、各个社会中所创造和积累的知识总汇,是人类社会生活的真实记载,是人类智慧的结晶。今天,科技情报的传递已成为图书馆日趋重要的社会职能。图书馆是社会信息的总咨询台,提供准确、及时、迅速的信息服务,能够保证社会生活机制和谐、高速运作,从而有力地推动社会的进步和发展。由此可见,加强用户图书馆意识对促进社会发展来说是非常重要的。

(3)从提高全民素质的角度来看

图书馆作为人类文化的保存机构,它担负着为全社会成员利用文献资源提供社会保障和满足社会成员对知识需求的重任。此外,图书馆藏书的连续性和稳定性及发展的无限性,为社会全民的"终身教育"提供了丰富的物质基础,让社会公众可以长期、自由地利用图书馆丰富的馆藏资源进行自我学习和自我提升,成为"公众终身教育的课堂"。现代图书馆是知识传播和文化交流中心,是文献信息的集散中心,它还是社会文明建设的一种重要载体,是提高全民思想觉悟和道德水准,建设高度社会主义精神文明的重要阵地。由此可见,加强用户图书馆意识对提高整个中华民族素质来说是非常必要的。

(4)从迎接新时代的挑战来看

随着知识经济的兴起和科学技术的发展,人们想要生存和发展,就必须不断学习和掌握越来越多的新知识,而学习新知识的重要途径之一就是走进图书馆,学会利用图书馆。在新知识经济时代,利用文献信息资源的技能越高,生存得就越久,发展得就越快。图书馆已经逐渐成为迎接新知识经济时代挑战,实施科教兴国战略的重要阵地。由此可见,加强用户图书馆意识迫在眉睫。

总而言之,加强用户图书馆意识,不仅可以改变人们对图书馆的陈旧观念,提高图书馆的社会地位,还可以通过发挥图书馆自身的社会职能,实现自身社会价值取得一定的经济效益,从而改善自身条件,加速图书馆事业改革的步伐。同时加强用户图书馆意识,还有助于社会主义精神文明建设,树立健康文明的社会风气;有助于提高全民族文化素养和文化水平,促进文化教育事业的长远发展;有助于提高本地区知名度,推动区域经济的建设和发展。

4. 加强用户图书馆意识的途径

(1)增强服务意识,提高服务水平

图书馆服务意识的强弱决定了图书馆服务水平的高低。要想加强用户图书馆意识,图书馆就必须先增强自身的服务意识,让图书馆工作人员树立正确的价值观和职业道德观,增强集体荣誉感和责任感,秉承"读者第一,服务至上"的宗旨,尊重每一位用户,尽可能主动热情、及时有效地为用户提供所需资源或解答各种咨询。为了增强用户图书馆意识,图书馆要把提高图书馆自身意识作为图书馆的一项经常性工作来抓,并把它贯穿于图书馆工作的各个方面,这是加强用户图书馆意识的前提。

除了在思想上要增强服务意识之外,图书馆还应在业务上不断提高自身的服务水平。图书馆服务水平的高低直接影响了用户图书馆意识的强弱。图书馆工作开展得越好,为社会提供的服务越优质,自然就能吸引越多的用户走进图书馆,利用图书馆,依赖图书馆,从而强化用户图书馆意识。反之,就会抑制用户图书馆意识。由此可见,充分挖掘图书馆资源,提高服务水平是加强用户图书馆意识的关键。因此,图书馆首先要打破传统理念,解放保守封闭的思想,全面开放馆藏资源,广泛吸引用户;其次,还需加强图书馆的科学管理,优化馆藏资源,并通过 CALIS(中国高等教育文献保障系统)的整体功能保障用户对资源的需求;最后,图书馆还应在基础借还服务和咨询服务的基础上,大力开展社会服务、行业服务,开展人才培训、信息咨询等多功能服务,提升服务层次,真正发挥图书馆作为文献信息集散中心的功能和作用,从而引起社会各界人士的关注和重视,达到强化用户图书馆意识的目的。

(2)编织宣传网格,注重宣传效果

文化部于 1989 年开始在全国公共图书馆系统组织每年一次的公共图书馆服务宣传周活动。该活动主要采取上街解答读者咨询、发放宣传单、摆设展板等形式,宣传公共图书馆的服务职能、服务对象,其目的是提高公共图书馆服务水平,拉近图书馆与读者之间的距离,扩大社会影响。许多图书馆利用这一契机,结合自身特色加强宣传,取得了一定的效果;但是由于宣传时间短,缺乏持续性和稳定性,使得宣传效果犹如昙花一现,不尽如人意。其次,许多图书馆的宣传方式单一,仅仅依靠编制目录、读者指南和图书馆简介等方式,效果远远无法覆盖到尚未入馆的社会公众和广大潜在用户。

图书馆的可持续发展依赖于用户,因为用户的使用将对图书馆的服务、功能等产生促进作用。图书馆的服务和功能的发挥也是图书馆社会效益的反映。图书馆社会效益的改善会使图书馆迈入"社会效益改善—财政拨款投入增加—图书馆资源增加、服务增强—社会效益进一步改善"的良性发展轨道。图书馆宣传的作用就在于提升图书馆的社会形象,促使更多的潜在用户转变为现实用户,同时将更多的社会大众转变为图书馆的潜在用户。因此,图书馆宣传活动是图书馆工作的重要组成部分,尤其是在大多数社会成员不太了解图书馆的落后地区,图书馆的自我宣传工作就显得尤为重要。

图书馆的宣传内容应该包括宏观和微观两个方面,一方面宣传图书馆事业的整体形象、服务理念、职业信仰等;一方面宣传图书馆的馆藏资源、服务内容、功能特色等。同时,宣传模式还应多样化,它主要是指图书馆可以通过纸质媒介、网络媒体等,针对不同用户群体宣传不同内容。以纵深和横阔相结合的形式编织图书馆宣传网格,网罗最广泛的现实用户和潜在用户。特别值得注意的是,图书馆宣传是一个系统工程,它对图书馆的影响是渐进的过程。因此,图书馆宣传工作要作为一项长期、渐进的工作来进行,要持之以恒,要经常化、制度化,才能有效地增强用户的图书馆意识。

三、国外用户图书馆意识

德国图书馆联合会的数据显示,德国的公共图书馆总数达 9858 个,每 8260 人就有 1 个公共图书馆,每年有 1.19 亿人次光顾公共图书馆;美国拥有 16500 多个图书馆,几乎是我国县级以上图书馆的 7 倍,全国每人每年借出 7.3 份材料,63% 的成年人拥有图书馆卡[①];英国全国图书馆 2014 年至 2015 年,吸引了 2.65 亿人次的访问量;日本拥有公共图书馆 3000 多个,日本人平均年借书 5.78 册;2012 年,加拿大图书馆人均使用 24.1 次。

而在中国,据《2016 全国公共图书馆事业发展总体情况》数据显示,2016 年全国县级以上公共图书馆计 3153 个,其中,国家级图书馆 1 个,省级图书馆 39 个,市级图书馆 369 个,县级图书馆 2744 个,平均每 43.85 万人拥有 1 个以上县级以上图书馆;持证读者数量

---

① 邹序明:《美国图书馆对我国图书馆事业的借鉴意义》,《图书馆》2013 年第 1 期,第 5 页。

5593 万人；人均年到馆次数 0.478 次。

单从简单的数据就可以直接比较出国内外用户图书馆意识的差别。中国只有少数学者较好地利用了图书馆，大多数的图书馆资源都形同摆设。那么，导致国内外用户图书馆意识差距的原因何在？这主要取决于国外图书馆对社会公众的做法，而这些做法值得我们借鉴。

1. 注重图书馆形象与文化

美国的图书馆非常重视自身的形象和文化，为了让社会能够充分了解图书馆，他们会印发大量宣传资料。例如洛杉矶公共图书馆采用各种方式和活动，指导和鼓励市民充分利用图书馆，他们的宣传口号是"走进洛杉矶公共图书馆，发现一个知识的世界"。他们的图书馆简介中这样写着："图书馆有你家中每个人之所需。无论年轻或年老，洛杉矶公共图书馆一样为你提供信息、娱乐和休闲，图书馆也为你解答日常生活中的实际问题。图书馆拥有各种语言的图书、期刊和报纸，有少年儿童的故事天地，有学生的家庭作业中心，有提高阅读和语言技能的计划，有体验不同文化和探索新的兴趣的音乐和录像。想要找一个好的新食谱？想要知道如何修理车辆的漏油问题？想要知道种番茄的最佳时间？图书馆都会帮助你。如果你在找工作，图书馆为你提供图书和计算机程序帮你写履历表，并提供信息源帮你找到工作。如果你想继续深造，图书馆有各个学院和中等专业学校的指南，并附有申请信息。或许你想知道你的家乡近况，图书馆这里有世界各地的报纸。"可见，洛杉矶公共图书馆的服务对象包括了各个阶层、各个年龄段，服务内容涵盖了学习、工作、生活等各个方面，与社会各界成员息息相关，势必会吸引社会的关注，在广大公众心中树立起良好的社会形象。此外，洛杉矶公共图书馆还向读者或游客提供参观服务，有解说员带领参观。这使得图书馆不仅仅是读书的场所,也是可供参观的景点。参观者还可以在入口处获得该图书馆指南和导游资料。

图书馆的形象不仅包括软服务,还体现在硬件设施上。图书馆建设的一个标志、一行字、一个布景,一点一滴都能表现图书馆的宗旨和特色,紧紧吸引住读者。例如,在洛杉矶公共图书馆中央馆,大厅墙壁上原来是镶上的目录抽屉,现在卡片目录不用了,这些抽屉都保留着,每一个抽屉上刻有一个捐款人的名字,成了市馆的永久留念,也奠定了洛杉矶公共图书馆深厚的文化底蕴。

展览是一种有效、便捷的展现形象和文化的方式。英国牛津大学博德利图书馆一直非常重视以展览的形式展现学校的历史、现状及未来。图书馆主要为展览提供专门的场地,并提供在线展览。展览内容分为大展览和小展览。大展览面向的是宏观性话题,旨在宣传学校的文化历史、科研成果及未来的发展目标。它主要向公众共享大量的研究馆藏,共享国家和全球遗产,展示牛津大学科研活动,提供支持牛津会议、座谈会及其他科研活动资料,大学历史性资料展览等。小规模展览一般是指对某一主题、特定作者、特定年代的特定事件等进行展览。如 2013 年 10 月,图书馆与大学的信息技术服务部门举办了妇女在科学中的贡献以庆祝阿达·洛芙莱斯日(Ada Lovelace Day)。由于展览是开放式的,面向校内外读者,并与在线展览、实体展览等多种形式相结合,且在博德利图书馆博客(Bodleian Blog)的分类中有专门的展览和延伸服务(Exhibitions and Outreach)栏目,用户可以利用 RSS 订阅近期展览售票、内容等信息,展览效果非常明显。

Jason Martin 指出,衡量图书馆文化的三个重要维度是象征、历史事迹、仪式。其中,象征主要是物理形式,并通过这种形式表征图书馆价值观、文化观①。牛津大学以及图书馆的历史性和重要性建筑,从 15 世纪的神学院创建开始就已经面向公众进行开放。图书馆已经成为牛津大学知名的景点与文化,每年有将近 20000 人次参观。现在,图书馆通过商业运作管理的旅游项目向全世界提供接触博德利图书馆建筑的机会。此外,牛津大学图书馆还会举办一些重要的、面向公众的活动,如 2013 年在牛津文学展的香槟之夜(Champagne Evening Tours),博德利图书馆接待了 96750 位游客,提供了 4244 个小时的服务,这对于扩大图书馆世界性影响力起到了积极的推动作用。

2. 体现图书馆馆藏特色与服务特色

(1)馆藏特色

美国图书馆的馆藏主要根据职能和社会需要来组织藏书,不盲目追求大而专,比较注重实用性,在保障基本需要的基础上突出特色。例如,加州伯克利大学图书馆包括 Doe 图书馆、Bancroft 图书馆、Moffitt 大学生图书馆及服务于不同学科的 20 个专业图书馆。此外,还有一些"附属图书馆",拥有独特的研究专藏和难以获得的资料,与伯克利校园的研究单位、研究所、学部及专业学院相关联。

加州伯克利大学图书馆的藏书包括 900 多万册印刷本、大量的地图、手稿、照片、缩微胶片、音像带及不断增多的电子形式的资料。Doe 图书馆拥有大部分人文科学和社会科学藏书。Bancroft 图书馆是美国最大的特藏图书馆之一,目前有超过 5 万卷的加州以及美国西部地区的历史资料,包含美国西部和拉丁美洲专藏、科学史专藏、大学档案、马克·吐温文稿。在分馆中,每一个馆都有自己独特而丰

---

① Jason Martin. "Symbols, Sagas, Rites, and Rituals: An Overview of Organizational Culture in Libraries". C&RL News, 2012, (6), p. 348—349.

富的馆藏。东亚图书馆以其珍贵的早期手稿、羊皮纸书、木刻、镌刻地图、金石拓本和青铜铭文而尤为显著。东亚图书馆对中文图书的收藏始于 19 世纪末，距今已有 100 多年的历史，目前拥有纸质中文藏书 579920 册，占东亚图书馆总藏书量的 51.6%，在北美高校中排名前 5。中文馆藏涉及人文科学、艺术和相关的社会科学领域，尤其是语言文献方面。期刊文献包括中文、日文、韩文和其他东亚文种。民族研究图书馆，是伯克利大学亚裔美国学研究的中心，该馆收藏了不少晚清名人在海外的活动史料。音乐图书馆也藏有珍本和手稿，生命科学和自然资源图书馆有极好的烹调书古本珍本。

　　加拿大多伦多大学图书馆是一座雄伟而又美丽的现代化建筑，由 33 个图书馆组成，最大的是罗伯茨图书馆，也是加拿大最大的图书馆。近代以来，移民加拿大的华人和留学生逐渐增加。他们来自社会各阶层，一时未能适应异国生活，中文书刊就成了他们慰藉眷恋故乡的精神食粮。在多伦多大学图书馆八楼的"利铭泽典宬"内收藏了中国香港移民的、供民众阅读的文、史、科技诸科的古今中外书籍，收藏着大量有关中国香港的研究资料，以及中国香港与加拿大关系的研究性参考文献。该室的藏书、剪报和许多特殊的档案都不参与流通，只提供阅览服务，中文版的武侠小说在这里最受欢迎。目前图书资料共有约 6 万册，大部分是报纸与期刊，基本上都是新移民的私人藏书，包括建馆时大批华人捐赠给图书馆的私人藏书。

　　（2）服务特色

　　服务特色离不开图书馆的基本法则，即"为人找书"以及"为书找人"。美国图书馆特别强调服务的特色：一是根据读者的实际需求出发，开展针对性服务；二是从馆藏文献出发，开展开发性服务。

　　例如纽约皇后区公共图书馆，就是根据当地实际情况开展特色服务。纽约有 5 个行政区：曼哈顿、布普克林、布朗克斯、皇后、里士满。市区面积 900 多平方千米,人口 700 多万。皇后区人口 195 万,面积 190.4 平方千米,是全美多种族最集中的地区。人口来自 120 个国家和地区,使用 100 种语言。这里的居民,36% 出生在国外,4.46% 是华裔居民,44% 居民在家中使用英语以外的语言。因此,为多种族居民服务成为皇后区公共图书馆的服务特色。

在皇后区的法拉盛,有 60% 的居民出生在国外,70% 的人在家里不说英语。法拉盛图书馆针对社区的这个特征,提供多样化的特色服务。仅 2001 年,图书馆就举办了 2 万多次特色服务活动,参加人次近 60 万。法拉盛图书馆的国际资源中心,是为庆祝皇后区和纽约多种族传统、多样化资产而设立的,为整个大都会区域想要了解世界民族、文化和语言,特别是为国际商务、旅游、交通、研究和教学的人们提供资源、信息和参考。该中心从开放时藏书 15000 册逐步扩大到现在的 55000 册,英语资料占 50%。中文、朝鲜文、西班牙文、俄文、印地语和希伯来语文献一开始就作为重点收藏,因为这些是皇后区使用最广泛的语种。

皇后区公共图书馆的特色服务还包括移民服务,为本区移民设计多种服务,向移民提供专业咨询,编写移民服务机构名录等,使他们尽快适应新环境,融入社会;成人教育,皇后区图书馆每年开办 80 多个免费英语教学课程,对英语水平较低的成人进行培训;儿童阅读,皇后区最大的儿童阅览室在法拉盛图书馆,阅览室除了儿童图书资料和项目的高层次藏书外,还请专人为孩子辅导家庭作业,组织课外娱乐活动等;税收指导,为纳税人提供各种纳税表格,并请专人或举办讲座为其进行辅导。

在日本,由于历史原因在日本居住的韩国人、朝鲜人和中国人较多,还有不断增加的移民和海归,他们都有着不同于日本的文化教育背景、语言背景。根据公共图书馆为"任何人"服务的原则,为了保证他们获取知识的自由,保障他们读书学习的权利,图书馆根据他们个人的实际情况提供多语言的资料情报,如各种外文小说、杂志、报纸等,还提供了日语学习方面的资料。如今日本公共图书馆已把对居日外国人的服务看作是一项不可忽视的业务。1987 年制定的《横滨市中央图书馆基本构想委员会报告》中就明确指出:"伴随着经济、文化、学术等各领域国际化的快速发展和定居日本的外国人人数的激增,社会的国际化程度日益加深。针对该情况,图书馆的中心任务应转移到向市民提供有关国外情况的资料信息和向外国人提供他们自己国家方面的情报资料这一方向。"当时,横滨与世界十几个大都市建立了友好关系。横滨市中央图书馆与美国圣地亚哥的图书馆自 1959 年、与中国上海市的图书馆自 1980 年、与中国辽宁省的图书馆自 1981 年就已开展了图书交换业务。这一举措不仅增强了市民对国际情况的了解和外国人对日本的认识,而且对居住在日本的外国人提供了许多他们自己国家的情报资料,满足了他们在精神、物质等方面的需求。此外,图书馆还设计了多语言(包括日语、英语、汉语、韩语等)书写的标志;发放给用户的图书馆简介以及图书馆网站也有日语、英语、汉语、韩语等多种版本。

3. 倡导并开展免费服务

美国图书馆特别强调免费服务,免费服务已经成为其主流业务,免费阅读、免费下载、免费上网、免费复印、免费文献传递、免费饮水等都已不再新鲜,越来越多的公共图书馆将免费服务向纵深发展。

例如美国休斯敦公共图书馆开展多种免费服务。(1)免费课程班,计算机课程班分成人教育和青少年教育两种,并且采用英语和西班牙语两种语言授课,1 个月办 1 期,内容包括计算机硬件基础、网络基础及办公自动化软件使用等;世界语言中心机构,提供包括公民权利、移民政策、民族文化等在内的免费课程。(2)移动直达快车,亦称"车轮上的实验室",其载有 13 台台式机、7 台笔记本及大屏幕彩电,使图书馆的服务不受空间场所的限制,并针对一些中低收入地区提供包括识字课程、电脑训练、劳动力发展训练等服务,有固定服务路线,也可以预约服务地点。(3)高速服务,源自数字图书馆项目,将休斯敦公共图书馆的高速服务设备安装在全州任何地方(如咖啡厅、餐馆等),安装者只需要付极少的设备费用就可以使用户在该场所享受休斯敦公共图书馆提供的所有数据、藏书和服务。现已建成 4 个高速服务馆。(4)儿童服务,休斯敦公共图书馆提供多种儿童服务,如提供从幼儿到青少年的包括数学、科学、社会科学、英语等多种学科在内的家庭作业指导服务,使用者只需要以借阅证号在 Tutor 网站登录,即可立即与一名在线老师取得联系,通过聊天、交互式黑板、共同搜索互联网等多种方式获得答案。此外,休斯敦公共图书馆还为年轻父母提供训练课程,讲授如何对儿童进行早期教育、如何培养幼儿语言能力、如何培养幼儿绘画能力及教育方法,等等。(5)残疾人服务,休斯敦公共图书馆在中心馆及部分街道图书馆为视力和听力障碍者设立了专门的设备中心,提供数字有声读物、大字书、放大镜、针对不同类型残疾人所设计的鼠标、ZoomText9.1 软件(一种可以放大屏幕的软件)、Braille Embosser 软件(可以直接将文字翻译成盲文打印)、SARA 设备(能扫描资料并将其翻译成 4 种语言)、声音识别器(用声音指令代替鼠标或键盘的操作)、TTY 设备(为听力障碍者提供的电传打印机)及专门为有听力或视力障碍人士准备的图书和期刊等,并且所有设备都可以凭借阅证免费索取。

美国图书馆大力倡导并实现大量的免费服务,是有其强有力的经费支持的。图书馆的经费来自税收,当然图书馆要对纳税人也就是公民提供免费服务。

2000 年初,日本经济不景气,企业破产率高于创业率,一些大型企业也连续大规模裁减员工,导致失业率一直居高不下。对此,日本政府为了鼓励创业,增加就业,实行了一系列相关的政策。日本公共图书馆开始思考其在促进民众创业中可能发挥的作用问题,并于2000年12月28日成立了商务支援图书馆推进协议会,开展商务支援服务。该服务旨在对社会的商务活动进行具体的支持,为用户提供关于IT业界、消费者动向、团体设施、人物情报、企业情报、医院医疗情报、统计情报等商务方面的资料。图书馆商务支援的服务对象主要是中小企业、普通上班族、个体经营者、自由职业者、失业人员、学生等社会弱势群体。鉴于公共图书馆主要依靠政府财政拨款运作,故面向社会弱势群体的服务均为免费方式,从而吸引了更多的用户来获取商务支援服务。浦安市立图书馆是日本最早的开展商务支援服务的公共图书馆。1993年,该图书馆就提出了"成人图书馆"概念。他们将与市场商务活动相关的书籍、报纸、统计资料、年鉴及政府相关文件等作为馆藏特色,同时对参考咨询服务的内容重心进行了相应的调整。浦安市立图书馆的"商务支援服务"吸引了许多寻求商务支援的用户。根据对浦安市立图书馆用户调查的结果,发现上班族和自由职业者由于"工作"或"业务"的原因而来馆的比例分别为49%和68.7%,认为图书馆的"商务支援服务"对他们的"工作"或"业务"有帮助的比例分别为46.7%和68.7%。追踪调查发现,由于浦安图书馆能为社会商务活动提供丰富、有效的资料服务,甚至有一些市民特地把家搬迁到了浦安市。

4. 重视用户体验的空间布局

美国哥伦比亚大学商学院国际品牌管理中心创立者Bernd H. Schmitt教授在《体验营销》中指出:随着社会发展和人类物质文化生活水平的提高,人们对产品和服务的需求层次已达到一个前所未有的高度,用户从未像现在这样重视产品和服务体验,用户体验已成为数字化时代竞争的焦点。Schmitt 教授认为,用户真正需要的是能够刺激感官、触动心灵、激发灵感与他们相关并能够成为他们生活方式组成部分的产品和服务。Schmitt 教授认为,用户的体验通常不是自发产生的,而是被诱发出来的[①]。因此,为配合用户获取所期待的体验,图书馆必须提供合适的环境和设施。

美国北卡罗来纳州立大学 Hunt 图书馆以用户为中心,采用色彩、绿色植物及玻璃来营造出多变的空间布局。Hunt 图书馆为了保证采光,在地面的每一层都设计了开阔明亮的中庭空间,利用开放式的楼梯联系上下,为用户提供更多的相遇和交流的机会。楼梯间、设备间、复印室、自动售卖机等自由地布置在每一层中,以方便用户使用。

Hunt 图书馆的阅览区域共有两种,一是传统阅览区;二是雨庭阅览区[②]。传统的阅览区域被放置在 Hunt 图书馆的南端,三面环绕书架,另外一面朝向湖面,大片的幕墙玻璃带来充足的自然光线,保证阅览区域的照明。雨庭阅览区没有成排的书架和古板的座椅,而是摆放着各种形状的舒适座椅。三个半圆的书架穿插在沙发、巴塞罗那椅、天鹅椅和高脚桌中,用户既可以在雨庭阅览区中自由阅读,也可以和同伴在此讨论问题,甚至还可以在沙发上晒太阳打盹。

为了最大限度地拓展用户学习空间,Hunt 图书馆设计了仓储式书库,以配合传统书库的使用。传统书库仍然采用开放式书架的方式,存储近年来出版的近 3 万册图书。仓储式书库名为"书虫(Book-Bot)",利用机器人存取系统自动分拣图书,用户只需要在交互设备

---

① Bernd H. Schmitt 著,刘银娜译:《体验营销》,清华大学出版社 2004 年版,第 4—5 页。

② 田阳:《学习的剧场:北卡罗来纳州立大学亨特图书馆》,《住区》2015 年第 2 期,第 91—103 页。

上的检索目录系统中选好需要借阅的图书，系统就会命令机器人找到图书所在的位置，并将图书传递到取书台，用户凭有效证件借阅即可。

Hunt 图书馆还重新定义了图书馆的学习区域，为用户提供了研习室、创客空间、实验室及共享空间。Hunt 图书馆一共拥有 100 多间大小不同的研习室，除了配备视频会议所需要的传讯设备和笔记本外，室内的三面墙壁均设置为可供书写的面板。Hunt 图书馆三层设置了新生代学习共享空间，共享空间里既有开阔的阅览区，也有游戏实验室、视觉实验室、创意工坊及各种数字媒体的制作场所。新生代学习共享空间各实验室之间没有围墙的阻隔，整个共享空间呈现出开放一体化的格局，方便用户在不同功能区域之间转换。

德国某基金会曾经调查过"人们对于未来图书馆的需求"，结果显示，人们期待未来的图书馆能够提供儿童空间、专业功能、社区功能、动手空间和展示当地的传统文化和家庭文化的空间。对传统文化和家庭文化展示空间的需求体现了全球化的大背景下，人们更加注重对本土文化的保护。对动手空间（Maker Space）的需求是未来图书馆的发展趋势。动手空间就是由图书馆提供设备和场所，让用户自己动手做东西或者通过动手来学习知识。科隆市立图书馆音乐图书馆里配备有钢琴、电子吉他和电子琴等设备，电子吉他可供外借，电子琴上配有程序，让用户可以自行谱曲；用户可以自己动手，将黑胶唱片进行电子化；音乐图书馆还设立了独立的动手空间，供用户学习新技术，如 3D 打印。科隆市立图书馆的 3D 打印机是科隆市的首例，曾在媒体上引起轰动。引入 3D 打印机，不仅能够提高图书馆的受欢迎度，还为大众创造机会了解重要的新技术。引入 3D 打印机颠覆了社会公众对图书馆的传统印象：图书馆不仅仅是藏书地。3D 打印机的出现给用户带来了惊喜，吸引更多用户带着创意来到动手空间。科隆市立图书馆没有开设相关的技术课程,而是让成功做出制品的有经验的用户传授技术给其他用户。除 3D 打印技术,科隆市立图书馆还有其他的动手项目:平板电脑作画编曲、博客工作室、手工作坊、Arduino 电子手工作坊、iMovie 电影制作、网页制作等。动手空间让图书馆成为城市的创意中心,让创意成为图书馆服务的新动力。

日本国立国会图书馆设身处地为用户考虑,在布局上非常注意细节,只为方便用户使用图书馆。图书馆在大门口有一个衣物保管处,用户可以自行将个人物品免费存放在铁皮柜中。在入口大厅设有咨询处为读者解答各种问题。每层楼的走廊上都放有各种资料任读者自由拿取,这些资料印有馆内平面图,介绍各室所藏资料的内容和生活设施简况。全图书馆的阅览室有 1200 个座席,中央空调,人工照明,有良好的吸音、隔音设计,用户在阅读时听不到工作人员的聊天声或读者的喧哗声。在阅览室内还设有缩微胶卷读放机,供用户自由使用。国会图书馆从 9 点到 17 点持续开馆,为了让用户可以在这里待上一整天,在图书馆顶层设有食堂,食堂旁边有小卖部,可以买到基本的文具用品,每层楼还有饮水处,免费供应净化水。如果读书累了,用户还可以在休息厅休息,或到庭院散步。

5. 突出参考咨询服务作用

美国图书馆把参考咨询放在图书馆工作重要位置,设立参考咨询部门,在图书馆设立咨询馆员,参考咨询成为图书馆最重要的一部分。美国图书馆参考咨询的服务方式多种多样,服务对象上至国家、下至百姓。

例如,美国国会图书馆的主要任务是为国会研究和咨询提供服务。国会图书馆的"国会研究服务部",有数百人直接为参、众两院服务,每年回答议员及其下属的咨询数十万次。该部有近千名工作人员,其中90％是各类专家和学者,下设10个分部:美国法律、经济、教育与公共福利、环境与自然资源、科学政策研究、外交与国防、国会参考、政府、图书馆服务、高级专家顾问等。随着信息技术在咨询工作中的应用,议员一天24小时随时可通过互联网上的"国会研究服务部"主页,直接获取国会研究服务部的资料。伊利诺伊大学芝加哥分校图书馆总馆设有咨询部,他们为读者准备了各类专题资料,包括艺术和人文科学、社会和行为科学、科学与工程等方面,读者在咨询台可以随意索取各种指南,该馆的咨询工作针对性较强。

电话咨询服务在美国公共图书馆已有较长的历史。纽约皇后区图书馆在20世纪60年代就成立了电话咨询部。该馆的电话咨询服务工作配备专职工作人员,平均每天解答百余通电话。专职工作人员解答问题的方式主要包括即时回答,限时回答,转送专业部门回答,以及传真复印资源等。

随着网络技术的发展和普及,电子邮件咨询服务应运而生。俄亥俄大学图书馆参考咨询部从1994年7月起,设专人开展电子邮件解答咨询服务。凡是具有电子邮件地址的读者,只要将电子信箱地址和所需解答的问题,通过电子邮件发送给参考馆员,当天几小时内,就可以得到参考馆员的答复。

日本公共图书馆的重要功能之一就是收集有关本地的情报,并在其网站上提供给用户查阅。如富山县立图书馆主页上的《富山县立图书馆县内情报记事检索》一栏就可以检索报纸、杂志上有关本地的报道,主要是按关键字来进行检索,可以限定时间范围、载体类型等以缩小检索范围,其来源报纸主要有《北日本新闻》、《富山新闻》、《每日新闻》、《读卖新闻》富山版、《朝日新闻》富山版等,杂志主要是富山县立图书馆内所藏的杂志。

正是因为国外图书馆提供了优质的服务以及令用户满意的环

境,最终赢得了用户的青睐。我国图书馆在许多方面与国外还有一定的差距。所以,我们应该借鉴他们的先进经验,唤醒用户的图书馆意识,让社会大众热爱图书馆,利用好图书馆资源,这具有重要意义。

第二节　国内外学科馆员概述

学科馆员服务在国外已经存在至少50年,在我国也有十余年的历史。如果说学科服务是近些年大学图书馆或专业图书馆在服务创新中开展的具有时代特色的高层次信息服务的话,那么提供此项服务的图书馆馆员就被称为学科馆员。因此,我们要研究学科服务,首先要对学科馆员的相关问题有个基本了解。

一、学科馆员的定义

1. 国外关于学科馆员的定义

学科馆员概念是随着图书馆的发展以及图书馆信息服务工作的深入开展而逐渐发展起来的。国外把学科馆员的起源时间追溯到了文艺复兴时期。英国图书馆学家 Stephanie Crossley 描述说:"传统意义上的研究型大学图书馆的学科馆员是学科专家,追溯到文艺复兴时期,大学就有学识渊博的图书馆员,他们是法学、文学或神学的专家。这一传统一直延续到本世纪。"①而学科馆员作为一种服务模式被引入高校图书馆是在 20 世纪初由 R. W. Chambers 将其引入伦敦大学,随后在 20 世纪 30 年代被利兹大学采用并逐渐在其他高校流行开来,在 20 世纪 60—70 年代达到了非常普及的程度。

在美国,学者普遍认为学科馆员最早起源于"二战"期间的军事

---

① Charles A. "The Subject Specialist Librarian in an Academic Library: His Role and Place". ASLIB Proceedings,1974,(6),p. 23—34.

安全需求。Fred J Hay 认为早在 1940 年以前,哈佛大学等国家高校图书馆就已经采用了区域问题参考馆员作为早期的学科馆员,但真正的学科馆员起源于"二战"时期对国家安全防御活动等特定信息的需求,这些人类学家、社会学家、历史学家和语言学家等区域问题参考馆员逐步演变为学科馆员。①

"学科馆员"是人们对图书馆馆员的另一种称谓,是指开展咨询服务、课题跟踪服务、定题服务等各项服务的图书馆馆员。国外对学科馆员的称谓多达七八种,比如学术联系人(Academic Liaison Librarian)、联系人(Liaison Librarian)、学科专家(Subject Specialist)、学科馆员(Subject Librarian,Faculty Librarian)、研究支持馆员(Research Support Librarian)、学科咨询馆员(Subject Reference Librarians)、网络馆员(Network Librarian)等②,其中以学科专家最为普遍。

图书情报学在线词典(Online Dictionary of Library and Information Science,简 ODLIS)中学科馆员被定义为以专业知识和经验用于选择专业资料,并对用户提供某一主题领域或学术专业(或学科分支)的书目指示和参考服务的图书馆员。在大学图书馆中学科馆员通常还持有所在学科领域的第二硕士学位,他们也可以叫作主题分析馆员。

1983 年出版的《美国图书馆协会图书馆学与情报学词汇表》将"学科馆员"定义为"图书馆中那些对某一专业领域学科有深厚的知识底蕴,负责图书馆该专业领域馆藏文献的遴选评估,有时也提供此

---

① Hay,Fred J. "Subject Specialist in the Academic Library:A Review Article". Journal of Academic Librarianship,1990,(16),p.17—19.

② 张晓林等:《国际图书馆发展态势》,《图书情报工作动态》2002 年第 6 期,第 2—8 页。

专业的信息咨询服务及负责馆藏图书的分布组合的工作人员。亦作学科文献书志馆员"。①

K. Humphreys 认为，"学科馆员是指发展某个特定学科领域的技术与参考服务的图书馆员②。"A. Holbrook 认为，"学科馆员是指为某个特定学科的读者服务的图书馆员，他的职责在于发展图书馆服务，并使他所负责的资源得到最大程度的利用③。"

Fred J Hay 认为，学科馆员是一种知识工作者，是一个或多个专业领域学科或专题的书志学专家，熟悉该领域书目的组织与分布，能运用他们的学识专长为用户提供高品质的服务。④

Eldred Smith 认为，学科馆员就是社会学家所称的"知识工作者"，他是某个特定领域的专家，并利用此项技术为读者提供所需的复杂服务。他将学科馆员总结为具有相当程度专业知识、并以客户需求为导向的图书馆员。⑤

英国服务于高等教育的英语学科中心对"学科馆员"的定义是：学科馆员是与专业院系一起工作，为他们确定和指明满足师生在专业领域所需图书馆馆藏和信息资源。他们通常会提供给用户为专业院系"量身定做"的学术会议信息，管理图书馆的馆藏以便使图书能

---

① Heartsill Young. The ALA Glossary of Library and Information Science. Chicago IL: American Library Association, 1983, p. 220.

② Kenneth Humphreys. "The Subject Specialist in National and University Libraries". Libri, 1967, 17(1-4), p. 29—41.

③ Holbrook A. "The Subject Specialist in Polytechnic Libraries". New Library World, 1993, 73(15), p. 393—396.

④ Hay Fred J. "The Subject Specialist in the Academic Library: A Review Article". Journal of Academic Libraianship, 1990, 16(1), p. 11—17.

⑤ Smith E. "The Impact of the Subject Specialist Librarian on the Organization and Structure of the Academic Research Library". In the Academic Library: Essays in Honor of Guy R. Lyle, Metuchen, NJ: Scarecrow Press, 1974, p. 71.

够被更有效地利用,从而帮助不同层次用户充分利用图书馆的资源。在一些机构,学科馆员可能会提供"一站式服务",因为他们可以利用任何一个被计算机网络联系起来的图书馆;有些时候,为了提供更好的服务,他们还会介绍你去咨询图书馆的其他工作人员,或者是计算机中心的工作人员。

可见国外对学科馆员的称谓各式各样,对学科馆员的定义也有着不同的侧重,但是归纳起来大致有两种:一是强调学科馆员的专业知识;二是着重其职业专长。

2. 国内关于学科馆员的定义

国内对"学科馆员"的定义,最早可以追溯到学者毋益人在1989年发表的《学科馆员应该做好哪些工作》一文中对"学科馆员"概念的引入。他将学科馆员的职责分为8项,包括:了解教学计划与培养目标,以便及时提供相应参考资料;熟悉科研项目内容和进程,以便开展专题服务和跟踪服务;了解馆藏情况,掌握学科相关文献期刊知识;做好参考、咨询工作,建立提问档案;做好馆内外各方面联络工作等。[①] 从20世纪90年代起,国内对学科馆员的研究逐渐增多。上海交通大学图书馆学科馆员陈汝龙在其1995年发表的《论高校图书馆的最新变革——实行学科馆员与专业集成化服务》一文中,以切身感受论述了实行学科服务制度给高校图书馆带来的变革之风[②]。1998年清华大学图书馆率先展开了对学科服务的实践探索,学者姜爱蓉在其文章《清华大学图书馆学科馆员制度的建立》中详细介绍了该馆

---

①　毋益人:《学科馆员应该做好哪些工作》,《河南图书馆学刊》1989年第4期,第26—27页。

②　陈汝龙:《论高校图书馆的最新变革——实行学科馆员与专业集成化服务》,《上海交通大学学报》1995年第1期,第103—106页。

开展学科服务的具体思路。① 1998 年,清华大学图书馆正式引入学科馆员制度,标志着学科馆员作为一种新的服务模式得到国内的认可和接受。2002 年教育部颁布的《普通高等学校图书馆规程(修订)》第六章第三十条指出:"高等学校鼓励图书馆专业人员同时掌握图书馆学和一门以上其他学科的知识,重视培养高层次的学科专家。"该条款正式明确了"学科馆员"在高校图书馆发展中的重要性。

与国外不同,国内对学科馆员的称谓基本统一于"学科馆员",对学科馆员的定义也大致相同。

周玉芝等人认为,学科馆员是指具有某一学科专业背景,同时具有图书情报和信息专业知识、技能的图书馆员,不仅熟悉对口学科的信息资源分布情况,而且具有信息分析与综合能力,能够深入理解和把握用户的知识需求,可以主动为用户提供多方位、深层次的学术性信息服务。②

牛振恒认为,学科馆员是熟悉某类或某些类的馆藏资源,熟悉某个或某些学科知识,为相关读者提供深层次、有针对性服务的图书馆员。③

刘燕妮认为,学科馆员是具有某一学科领域专业知识背景的研究型、实用型资深图书馆员的代名词,是指了解乃至精通某一个或几个学科知识,并为该学科用户提供相关信息服务的图书馆员。④

徐恺英教授等人认为,学科馆员是以学科为服务对象,具有敏锐

---

① 姜爱蓉:《清华大学图书馆学科馆员制度的建立》,《图书馆杂志》1996 年第 6 期,第 30—31 页。

② 周玉芝,马秀文,任凤英:《基于机构知识库构建的学科馆员角色定位》,《现代情报》2009 年第 1 期,第 149 页。

③ 牛振恒:《建设有中国特色的学科馆员制度》,《图书情报工作》2004 年第 8 期,第 117 页。

④ 刘燕妮:《我国学科馆员制度与国外之比较》,《现代情报》2004 年第 12 期,第 98 页。

的信息意识和较强的信息组织加工及文献获取能力的高级专门服务人员,以某一学科背景为依托与该学科建立专门联系,以图书馆馆藏资源作为服务基础。他们是拥有某一学科专业领域扎实知识和较高信息素养的图书馆馆员。[①]

总的来说,国内外对学科馆员尚无一个明确、规范的定义。归纳起来,大致有以下三种观点:第一,学科馆员是一种服务模式,以大学学科为服务对象建立起来,由高级馆员提供对口服务。第二,学科馆员是联络人员,由图书馆设专人与某个院系或学科专业建立对口联系,向用户提供主动性和针对性服务。第三,学科馆员是学科信息专家,他们熟悉乃至精通一门学科或几门学科知识,能够针对性地为教学与科研提供服务。

因此,学科馆员既是对提供知识服务的人员的一种称谓,即学科馆员是熟悉图书馆馆藏资源,掌握或精通某个或某些学科知识,为相关学科用户主动提供深层次、有针对性服务的图书馆馆员;也是一种服务模式,只不过这种模式的主导者是学科馆员。

二、高校图书馆学科馆员制度

学科馆员制度是国际图书馆界一种先进的服务理念和全新的服务模式,它是指高等学校图书馆选拔一批既熟悉本馆文献信息资源,具有较强的信息咨询与检索能力,熟悉某学科专业知识,又与相关院系的教师有良好沟通能力的图书馆专业人员,分别承担起专门为某学科读者主动提供全方位、深层次信息服务,建立一种对口服务的新制度。学科馆员制度既是一种新的服务模式,也是管理上的一种创

---

① 徐恺英、刘佳、班孝林:《高校图书馆学科化知识服务模式研究》,《图书情报工作》2007 年第 3 期,第 53—55 页,第 116 页。

新行为。

1. 国外高校图书馆学科馆员制度概述

(1)美国

在第二次世界大战中,美国为了解陌生的太平洋岛国和神秘的东南亚文化,人类学、社会学、历史学、评议等领域的专家得以聚集一堂解决信息危机问题,在此过程中逐渐产生了区域问题的研究方法,并在图书馆建立了区域问题研究馆藏。伊利诺斯大学、印第安纳大学、哈佛大学和哥伦比亚大学等先后投入大量经费从事区域馆藏项目建设,掌握学科专业知识、通晓各国评议的学科专家在其中发挥了重要作用。之后随着研究项目的顺利发展,区域问题参考官员(area bibliographer)逐渐演变为学科馆员,便形成了早期的学科馆员制度。

在 1946 年,美国伊利诺斯大学原校长 Robbert Downs 倡导研究型大学准备学科馆员;芝加哥大学图书馆 Herman Fussler 更为关注学科馆员角色,1949 年提出了"更为广阔领域的学科馆员"概念,强调学科馆员自身是一位学者,既要了解书、书的价值、书商的特点,同时也必须关注用户需求。在美国学科馆员发展史上,"分馆制"起了重要作用,内布拉斯加大学是美国第一个完整意义上的"分馆制"图书馆。1950 年,内布拉斯加大学图书馆开始实行分馆制,并在人文、社会科学、科学技术及教育 4 个独立分馆聘用学科馆员,因此成为美国第一个聘用普通学科书志馆员的大学图书馆。由于内布拉斯加大学图书馆的四个分馆,馆藏分开,有独立的阅览室、流通、参考咨询和馆藏管理,因此其学科书志馆员完全可以按照学科来管理图书馆的各主要业务,被认为最好地体现了学科馆员的专业价值,标志着学科馆员制度正式建立。1960 年,美国许多大学图书馆按"分馆制"进行重组,并且都雇用了学科馆员。在 20 世纪 70 年代早期,美国的国家科学学会和社会科学研究委员会建议所有的大学图书馆都雇用学科馆员。1981年,美国卡内基·梅隆大学图书馆实施了学科馆员制度,称为"跟踪服务"(Track Service)。接着,俄亥俄大学图书馆也推出了"网络化馆员免费导读服务"(Network Librarian Free Guide)。经过30多年的发展,美国大学图书馆已形成了较完备的学科馆员制度。美国的大学图书馆一般都设有学科馆员,负责与相关学科(二级学科)师生之间的联系。图书馆对学科馆员有全面的支持、培训和管理制度以及严格的从业资格认证制度。

(2)英国

在英国,对于像牛津大学和剑桥大学这样历史非常悠久的大学,它们自文艺复兴时期开始,就一直认为学术图书馆的馆员,在法律、文学以及神学等学科方面是学科专家。但真正意义上的学科馆员制度建立,也是在"二战"后。20世纪40年代,伦敦大学的大学学院首先出现了学科书志馆员。"二战"后,随着地区性学院不断提升为大学,新图书馆的建立需要建立新馆藏,随之产生了学科专家(学科馆员)需求,从而使学科馆员制度得以不断发展。1964年,高等教育帕里协会建议所有的英国大学图书馆都雇用学科馆员,此项制度在20世纪六七十年代得以流行。1975年,已有20个大学图书馆建立了此项制度。这一时期由于网络资源尚未形成,学科馆员大都具有一种乐观主义精神。Thompson是East Anglia大学的英国文学专家,他1975年提出应该建立这一领域的最全面的馆藏。

在英国大学图书馆中,学科馆员通常是某个部门的管理者,他们大多数时间都花在了馆员和用户的管理上,严重影响了他们专业背景和学术水平的发挥,对学科馆员的服务效果产生了一定的影响。因此,W. L. Guttsman提出,为了保持学科目录项目的重要性,学科馆员的薪酬要公平体现,并且要将学科馆员从繁杂的日常事务中解放出来,重组高校图书馆,更好地实现学科馆员的价值。

(3)德国

在德国,虽然早在 19 世纪就有学科书志馆员项目,但与欧洲其他国家类似,学科馆员大规模增加是在"二战"后,由馆藏体系的重建需要而产生。1963 年,J. Periam Danton 发表了题为"Book Selection and Collections: A comparison of German and American University Libraries"的文章,使德国图书馆界开始关注美国图书馆领域的发展。Danton 认为,德国大学图书馆学科馆员的角色定位是德国图书馆长期发展的结果。

Dnaotn 详细描述了德国的学科馆员制度:"德国大学图书馆的学科馆员承担着特定责任,掌握一定的专业知识,能迅速有效地利用各种编目工具。他们熟知图书馆政策和所负责领域现有的馆藏情况,理解所负责领域与其他领域的关系。正是基于这些原因,德国图书馆的图书采购具有更强的计划性、目的性和协调性。除以上提到的优势外,学科馆员制度还具有其他一些优势。首先,它使得图书馆学科馆员有机会了解他们所负责领域的工作,并参与到图书馆最重要的工作——馆藏建设中来。因此,这一制度可以最大程度地提高士气,培养团体协作精神。其次,建立一个由受过高等教育的馆员组成的团队,图书馆将更可能被教学人员看作是一个研究型组织。……教授也将更信任图书馆员,并将他们看作是与自己一样的研究人员。"

20 世纪 50 年代,德国大学图书馆要求学科馆员必须具有博士学位,接受两年图书馆培训,并参加国家考试。20 世纪 60 年代早期,平均每个德国研究型大学图书馆设有 4—15 名学科馆员。至 20 世纪 70 年代中期,Peter Biskup 研究发现,德国大学图书馆一般都设有 8—21 名学科馆员。这一时期,学科馆员主要负责图书采购,但也会从事编目和参考咨询工作。直到 20 世纪 90 年代,德国的联邦法律废除了学科馆员必须拥有博士学位的要求。

Biskup 认为,德国研究型图书馆的组织结构分为三层:普通员工、非学科馆、学科馆员。其图书馆服务也相应地分为三个层次:高级服务由学科馆员提供,中级服务由非学科馆员的图书馆员提供,低级服务由普通员工提供。如果不接受正规的学历教育,从一个层次上升到另一个层次实际上是不可能的。Biskup 在调查德国研究型大学图书馆后指出,"学科专业化不是研究型图书馆运作的理想方式,但是我们目前可以采用的最好方式①。"

总之,"二战"后至 20 世纪 90 年代中期,学科馆员依托印刷型文献资源和手工服务方式,致力于建立图书馆与研究机构之间的学科联络与主动服务机制,初步实现了学科服务与主动服务两大目标。

2. 国内高校图书馆学科馆员制度概述

在国内,学科馆员建制起始于 1998 年。当时清华大学图书馆建立了学科馆员制度,并聘请了院系图情专家,在国内大学图书馆率先开始了由学科馆员与院系图情专家相结合、面向学科的图书馆服务。之后,东南大学图书馆(1999)、西安交通大学图书馆(2000)、北京大学图书馆(2001)、武汉大学图书馆(2001)、江苏大学图书馆(2001)、南开大学图书馆(2002)、北京师范大学图书馆(2002)、上海交通大学图书馆(2003)等多个高校图书馆效仿设立了学科馆员(或学科咨询馆员)制度,由专人负责开展面向特定院系学科的、有针对性的服务。

(1)清华大学

1998 年,清华大学图书馆安排 14 位具有学科专业背景的馆员

---

① Peter Biskup. "Subject Specialists in German Learned Libraries". Libri,
1977,27(2),p.151.

做学科馆员，与对口 12 个院系的图情教授建立联系，主要面向教师、研究生层面开展工作。每学期初通告工作重点，每学期末督促、检查工作。2002 年，清华大学图书馆又将分散在各个服务小组的学科馆员集中起来，成立了专门的学科馆员组，从人力、资源、技术等方面对学科馆员的工作给予了充分保证。其后，学科馆员组更名为学科服务组。学科馆员服务内容主要包括：进行院系联络，了解需求，提供有针对性的信息服务；开展多种形式的参考咨询服务；参与相关学科电子资源建设与服务；开展多层次用户教育；整合学科资源，制作并发布学科服务网页等。2003 年以后，清华大学图书馆又针对网络化、数字化环境的变化，进一步拓展了学科馆员的职责，并尝试面向学科的竞争情报分析服务，收到了比较好的效果。

清华大学图书馆学科馆员服务模式的建立和实施，从一定程度上引领了我国大学图书馆学科馆员制度的形成和发展，其服务模式应是传统学科馆员较为成功与成熟的模式。

（2）南开大学

2002 年 9 月，南开大学图书馆开始着手组建学科馆员服务部门，旨在从学科专业的角度为南开师生提供信息服务。首批学科馆员共有 6 位，其共同点是：具有多年工作经验，具有除图书馆学之外的学科知识背景，大多数具有外语、计算机操作、信息检索等工作技能，同时具备中级或高级职称。南开大学为图书馆规定学科馆员工作，主要做好三项基本服务：一是学科用户培训。对象为所服务院系的教师，主要是依照对口院系的教学与科研要求和学科特点，大型用户培训与个别用户辅导相结合、学科培训与一般培训相结合、数据库培训与信息素养培育相结合进行用户培训工作。二是参考咨询服务。以口头或 E-mail 咨询为主，主要提供二次文献信息和信息获取的途径与方法。如有课题查新、全文提供、馆际互借等工作，则由情报检索部工作人员协助完成。三是学科馆藏资源开发。着手进行按学科的数据库整合工作。根据对口院系的学科设置,整合学校所购电子版资源和印刷版资源。

(3)上海交通大学

1993年初,上海交通大学图书馆意识到学科馆员制度应是学术馆的办馆之路,于是在时年6月召开的图书馆业务体制改革研讨会上,提出了组建学科馆员队伍,建立学科核心体制,以改变传统业务体制。建议图书馆选派既有学科专业背景、又有图书情报理论知识和实践经历的高级专业人员担任学科馆员,并建立若干个学科业务组,负责学科范围内的采访、分编、借阅、检索、咨询等工作。应该说,当时推进学科馆员制度的理念在国内是超前的;然而经过调研发现,当时上海交通大学图书馆不具备推行实施学科馆员制度的主客观条件,因此学科馆员建制计划暂时搁浅了。

2003年,时任馆长陈兆能再次建议参考咨询部调研学科馆员制度的可行性。参考咨询部在对国外、国内已实施的学科馆员制度进行充分研究,并就图书馆馆员队伍结构现状进行分析后,建议建立学科咨询馆员制度,通过图书馆设立学科咨询专家与院系委派图情咨询专家的对应机制,保证学科咨询馆员在院系工作的开展。2003年底,图书馆正式推出学科咨询馆员制度,指派16位馆员为学科咨询馆员。为便于学科咨询馆员与院系沟通,图书馆同时委派了16位院系老师(基本为校图书馆工作委员会成员)配合学科咨询馆员深入院系开展服务。但当时委派的图情咨询专家大多数为院系领导,工作较忙,无法与学科咨询馆员时常沟通,使得学科咨询馆员的工作难以顺利开展。而指派的学科咨询馆员均为兼职,时间上也无法充分保证学科馆员工作的开展。

（4）同济大学

同济大学学科馆员制度始于 2003 年底。其具体情况如下：学科馆员岗位编制隶属于资源建设部；学科馆员选拔条件是"非图书情报专业硕士以上、熟悉图书情报业务、外语和计算机水平较好的研究人员"；8 名学科馆员承担全校 30 多个院、系和研究所的学科服务工作。

同济大学根据学校专业设置和学科分布特点组建土木环境、机械交通电信、理学、文法管理及生命与医学五大学科服务基地。每个"基地"包括多个院系，比如"土木环境学科"包括土木工程学院、建筑与城市规划学院、环境科学与工程学院、联合国环境规划署——王增可持续发展学院。①

尽管我国大学图书馆的学科馆员制度经历十几年的发展，到目前已被广泛认可，但真正意义上实施该制度的图书馆并不算多。国内大学图书馆学科馆员制度的开展概况大致分为五种类型：一是信息咨询部人员兼任；二是高级研究馆员兼任；三是专业学历对口的馆员担任；四是参考馆员担任；五是由长期从事学科信息咨询工作的馆员担任。他们有一个共同的特点——兼职。可见，我国大学图书馆对学科馆员制度的管理与组织重视程度不够，大部分没有专门的管理组织机构，学科馆员都是挂靠在咨询部或者服务部，由这些部门进行兼管，在一定程度上降低了学科馆员管理的有效性；在管理内容上缺乏针对性的管理规划和业绩考量，使得实施效果不太理想；在组织机构设置上多与其他部门相交叉，且部门间业务环节的衔接也不紧密，缺少组织的协调性与规范性。

---

① 王启云：《图书馆随笔：图谋博客精粹》，国家图书馆出版社 2011 年版，第 146 页。

3. 国内外高校图书馆学科馆员制度比较

国内外高校图书馆的学科馆员制度在具体内容上有一些相似之处,如学科馆员的职责大体都分为馆藏建设、参考咨询、教学培训、院系联络等。但是在人员设置、学科资源、组织机构及绩效考核等方面还有较大差距。

(1)从人员设置看

首先,我国高校图书馆的学科馆员人数不到国外的一半。其次,国外的学科馆员素质整体较高,专业背景与所对应的学科相符且都是专职人员,而中国近几年虽有一些高学历人才陆续加入学科馆员行列,但大部分还是挂靠在信息咨询部、读者服务部或参考咨询部,或者直接由这些部门的员工承担学科馆员一职,管理相对分散,不成系统。

(2)从学科资源看

国外高校图书馆学科资源要比我国图书馆多,涉猎广泛,门类齐全,并且每一大学科下的子学科分类都十分详尽;我国的学科门类设置相对粗略,学科设置不全,门类层次较少,而且存在重叠交叉现象。

(3)从组织机构看

我国高校图书馆学科馆员没有独立的管理机构,都是挂靠在咨询部或信息服务部门等,部门间也缺乏有效的联系和配合,而国外高校图书馆都是集中式对学科馆员进行管理。例如,哥伦比亚大学图书馆为学科馆员服务设有联络委员会和联络顾问小组,其中联络委员会为所有馆员(不局限于学科馆员)提供交流的平台,讨论项目实施中存在问题和共享成功的经验;联络顾问小组主要为项目的实施和发展提供协调和领导作用,包括考核和重新任命学科馆员,保证学科馆员获取必要的技能,培养学科馆员和院系教师的合作关系。

（4）从绩效考核看

国外高校图书馆对学科馆员的岗位职责、权利义务、绩效成果等都有明确的规定，已形成了一整套完善的管理体系，既有量的考查又有质的检验，并且对考核内容和评价标准进行细化，考核标准以用户为中心，采取师生的反馈意见，尤其注重学科馆员综合能力的考量；而我国高校图书馆的学科馆员普遍缺乏完善的考核体系及激励机制，不能科学地评价学科馆员的绩效且没有明确的奖惩措施。

三、高校图书馆学科馆员职责

1979 年，Dickinson. D. W 在其论文中将学科馆员的工作职责阐述为两个主要方面：一是专业参考帮助（Specialist Reference Assistance）；二是学科联络（Faculty Liaison）。[①]

但随着时代的发展进步，学科馆员的职责更加全面与完善，Fred J. Hay 将学科馆员的传统职责范围概括为馆藏开发、参考咨询服务、院系联络、编目分类、书目学指南与文献志编写等五个方面。[②] Stephen Pinfield 则将学科馆员新增职责概括为在网络环境下信息搜集新技术的使用，实行数字化信息资源的评估、选购、整合利用，与网络资源管理部门合作，与信息数据库供应商协商订购条件和合同，与图书馆技术部工作人员协作、整合加工信息资源、完善学科服务网页，更广泛地开展对用户检索技能的培训、以求最大程度地利用馆藏

---

　①　Dickinson. D. W. "Subject Specialists in Academic Libraries：the Once and Future Dinosaurs". NewHorizonsforAcademic Libraries Conference of the Association of College and Research Libraries. NewYork：KG Saur Press，1979，p. 438—444.

　②　Fred J Hay. "The Subject Specialist in the Academic Library：A Review Article". Journal of Academic Librarianship，1990，16(1)，p. 11—17.

资源和网络资源为教学和科研服务等 5 个方面。① 在实践中,美国康奈尔大学图书馆将学科馆员职责概括为 CRIO,即馆藏建设(Collection)、参考咨询(Reference)、教学培训(Instruction)和院系联络(Outreach)。Karen Williams 将明尼苏达大学图书馆学科馆员的职责总结为十个方面:参与学校活动,内容/馆藏发展与管理,教学与学习服务,学术交流服务,数字化科研与数字工具服务,向本地社区的拓展,筹集资金,展览与活动规划,领导与协调。Elizabeth A. Dupuis 认为,学科馆员应该加强教育职能,参与教学目标与计划的制订,增加学生的学习收获,设计课程管理系统,评价学生学习效果,促进教学的有效开展等。

国内高校图书馆学科馆员职责与国外基本相似,但又根据国情、校情有所调整。其主要职责分为联络与沟通、数字资源建设与服务、咨询服务、用户教育、建立学科网络导航、跟踪科研课题、提供全程服务等七个方面。

以国内开展学科馆员服务最早的清华大学为例,清华大学图书馆为了加强图书馆与各院系的联系,建立起通畅的"需求"与"保障"渠道,帮助教师、学生充分利用图书馆的资源,自 1998 年开始在校图书馆建立了"学科馆员制度",2006 年进一步扩大至部分专业馆。每位学科馆员负责联系某个院系,其工作职责主要有:深入了解对口院系的教学科研情况和发展动态,熟悉该学科的文献资源分布;参与对口学科的资源建设,提供参考意见;推动对口院系与图书馆合作订购资源;开办相关图书馆讲座,解答深度课题咨询,逐步提高对口院系师生的信息素养;深入院系,征求读者意见及信息需求;与图书馆顾

①　Stephen Pinfield. The Changing Role of Subject Librarians in Academic Libraries. Journal of Librarianship and InformationScience,2001,33(1),p. 32—38.

问密切合作;编写、更新相关学科的读者参考资料,包括学科服务网页、资源使用指南等;通过多种渠道宣传推广图书馆的资源与服务,以提高文献资源利用效率,使读者更加关心图书馆建设;试用、评价、搜集相关学科的文献资源;为对口院系的重大课题提供文献层面的特别帮助;与对口院系学术带头人建立联系。

南开大学图书馆规定的学科馆员的主要工作任务是在图书馆与对口院系间架起沟通信息的桥梁,负责图书馆与对口院系的信息交流与联系。主要职责有:与对口院系建立固定联系;向用户宣传推广图书馆的信息资源,并提供指导与培训;定期进行调查,征求需求意见与建议;编写用户利用图书馆的参考资料;协助教师进行课题的专题文献检索,为教学科研提供定题服务和决策参考服务;收集推荐书目,供采购参考;对学科的参考工具和电子资源进行试用与评价,收集反馈意见,为引进数据库提供参考;搜集、鉴别和整理学科网络信息资源,建立和维护学科导航信息。

上海交通大学图书馆学科馆员的工作职责主要包括定期或不定期面向院系、各科研团队、各创新社群组织不同层次、不同类型、专题性、个性化的信息素养培训;为科学研究提供助力,嵌入科研全过程,从课题申请阶段的文献调研、前沿追踪,到课题研究过程中的同行对比与追踪、学术信息定制,再到成果产出阶段的期刊分析、科研绩效评估;以学科馆员为核心,创建学科博客,力求体现学科特色,做学科深入研究,并使用文献计量学分析方法做一些有益的学科统计、分析工作;建设学科服务平台,实现学科资源和服务的组织、揭示与发布,共享国内外学科馆员间相通的工作成果,方便用户利用图书馆学科资源与服务。

随着网络技术、数字技术的发展,学科馆员的职责也相应地发生了变化,但是无论怎么变化,学科馆员作为图书馆联系院系及学科专业的桥梁和纽带,其工作职责依然是围绕图书馆信息资源的开发利用和建设来开展的。从国内外一些高校图书馆学科馆员制度的实施情况看,学科馆员的工作职责归纳起来主要有以下几个方面。

1. 参与对口学科的馆藏资源建设

(1)了解院系的学科发展及学科用户对图书馆文献保障服务的需求。

(2)定期征求对口院系师生对图书馆资源建设和服务的意见和要求。

(3)协助制定资源建设策略,负责学科资源的采购、日常管理与剔旧。

2. 为院系提供深层次的参考研究咨询服务

(1)主动参与对口院系及学科专业教学科研活动,为学科带头人提供有针对性的特色服务。一方面,为学科带头人建立档案,主动了解他们的科研课题,为他们代查文献资料,提供科研立项、课题论证、最新信息报道等服务。另一方面,选定对口学科有关研究课题作为重点服务对象,深入其中,从课题立项到成果鉴定,自始至终进行跟踪服务。

(2)主动提供对口学科的电子资源检索服务,并定期检索最新数据库中相关重点学科文献的收录情况,及时提供给相关教学科研人员。

(3)在实践中通过对大量原始文献的集中收集、阅读分析及研究论证,将科研成果编辑成专题报告,为教学科研人员提供有价值的情报信息,让教师能够及时地跟踪了解某一学科最新的研究动态。

3. 开展利用图书馆的用户指导工作

(1)面向学生开展教学指导,包括向进行专业课学习的学生提供参考书目信息、向进行毕业设计的学生提供文献信息资源。这项服务的内容及要求通常由专业教师、学生导师和学科馆员共同完成。

（2）面向对口学科的科研项目开展用户咨询服务，如就某个专题提供图书馆相关的资源。

（3）当图书馆引进新资源时，学科馆员及时通知相应的用户，并组织培训和提供相应的参考资料。

（4）定期了解用户情况及相应的需求，以开展图书馆的用户指导工作；收集、分类、整理、组织学科网络信息导航，并及时更新、补充。

可见，学科馆员不仅要负责面向大多数教师的普及性宣传、培训工作，起到"信息导航员"的作用，还要负责针对学术带头人、重点学科的深层次服务工作，发挥学科馆员文献信息资源检索、组织及综合利用能力强的特点，在一些重大科研项目或课题的立题评估过程中起到"信息咨询员"的作用。

第三节　学科服务概述

一、学科服务的内涵

学科服务起源于国外，并经历了一个漫长而渐变的发展过程，学科服务的内容与模式也在发展变化。高校图书馆的服务对象具有很强的学科性，他们对文献信息的需求具有很强的专业性，此时作为能够深刻反映高校图书馆核心价值理念，遵循教学科研学科信息需求规律，具有深层化、学科化、实时化和个性化特征的学科服务势必成了高校图书馆必要的服务模式。

学科服务是在现代信息环境下基于图书馆参考咨询服务发展而来的，是针对用户文献信息需求日益专业化和个性化而推出的一种深层次的文献信息增值服务，其服务能力直接反映图书馆的服务水平和核心能力，因而已经引起越来越多高校图书馆的关注和重视。

学科服务成为当前高校图书馆界研究和讨论的热点。通过 CNKI 期刊库检索,1998 年我国实施学科馆员制度以来我国发表的主题为学科服务的期刊论文近 2700 篇,平均每年发表关于学科服务的论文有 135 篇,并且发表论文数量呈现逐年递增的趋势。

学科服务是伴随着学科馆员制度的发展而兴起的信息服务,对它的称谓也多种多样,有的学者称为学科化服务,有的称为学科信息服务,还有的称为学科化信息服务抑或学科知识服务等。

2003 年张晓林提出,图书馆不能满足于文献信息资源和文献服务的"到所、到人",不能满足于数字化资源和网络化服务给图书馆赢得短暂生存空间,必须从现在起寻求科技信息服务的新的核心能力和可持续发展能力,真正为科研人员的知识创造活动提供可靠和有效的支持。其中一个发展主线是学科化知识化服务。这就要求图书馆按照科学研究(例如学科、专业、进而项目)的工作流程(而不是文献加工服务流程)来组织信息工作,使信息服务"学科化"(而不是阵地化),使服务内容知识化(而不是简单的文献检索与传递)[①]。

在张晓林提出的"学科化知识服务"基础上,学科服务、学科化服务、学科信息服务等概念被提出。武汉大学严玲等人认为,学科服务就是高校图书馆在学科馆员基础上面向某一特定学科,通过学科信息存取和学科信息分析来满足用户在学科活动中的信息需求,并帮助用户提升信息获取和利用能力的一种专业化服务,其实质就是改变传统的坐等用户上门的被动的基础信息服务,将信息服务嵌入院系学科教学科研中,主动为用户提供个性化、特色化、专题化的信息服务,是近年来高校图书馆致力于探索并越来越受青睐的创新型信

---

① 张晓林:《构建数字化知识化的信息服务模式》,《津图学刊》2003 年第 6 期,第 13—16 页,第 18 页。

息服务模式①。李慧美等人认为,学科信息服务就是图书馆利用丰富的学科资源优势,建立学科馆员队伍,为用户的教学和科研提供一体化、深层次的知识信息服务②。沈小玲认为,学科知识服务,就是以学科馆员的学科专业知识和图书情报知识为基础,针对高校教师和学生在知识获取、知识选择、知识吸收、知识利用、知识创新过程中的需求,借助学科知识管理整理平台,为高校师生提供其所需知识及其产品的服务③。

由于我国图书馆界常把学科服务与学科信息服务、学科化服务、学科知识服务等概念混用,因此对学科服务的概念也有不同界定。虽然概念的界定各异,但内容大致相同,都认为学科服务是图书馆适应现代信息环境,针对学科用户的专业文献信息需求而主动开展的服务,强调了学科馆员的核心作用,都认为是深层次的文献信息服务,主张服务内容的专业化、知识化。综上所述,学科服务的内涵可以理解为:是学科馆员借助计算机技术和网络技术,依托图书馆资源和网络资源,以用户知识需求为导向,开发知识资源,面向学科提供信息服务、知识服务,是集学科化、知识化、个性化为一体的创新型服务模式。

二、学科服务的特点

学科服务是一种需求驱动、面向科研过程的服务。它通常采取知识化组织模式,以用户为中心,面向服务领域或机构,组建灵活的

---

① 严玲:《中美高校专业图书馆学科服务创新与发展探析——以高校法学院图书馆为例》,《图书情报知识》2012 年第 6 期,第 120 页。

② 李慧美、陈朝晖、杨广锋:《从豆瓣网看图书馆学科信息服务的改进》,《图书馆杂志》2009 年第 8 期,第 35—38 页。

③ 沈小玲:《基于学科知识管理的高校图书馆学科知识服务》,《情报探索》2009 年第 8 期,第 120 页。

学科单元,将资源采集、加工、重组、开发、利用等工作融于每个学科单元之中,整合传统图书馆职能部门,使信息服务由粗放型管理转向学科化、集约化管理,以方便学科馆员提供更深入、更精细的服务。学科服务具有以下几个突出的特点。

1. 组织方式学科化

图书馆的服务工作通常都是按照文献流来组织的,而学科服务主要以学科为单元进行组织,即为一个学科、一个专业或一个项目提供从信息收集到信息分析的全部信息服务,这样就能将信息服务融入科学研究工作中,真正成为科研活动的一个重要部分,使信息服务具有学术性质,更好地发挥信息资源的作用。

2. 组织架构体系化

图书馆各服务部门的工作大多数各自为营,而学科服务不仅仅是学科馆员的工作任务,它需要组织学科服务团队提供服务,甚至调动全馆以及馆外所有可用的信息资源和人力、物力。其组织架构包括基础层、网络层和应用层,由提供者、提供渠道、提供内容、提供形式、被提供者等多个组织服务部门组成。

3. 服务方式泛在化

一般来说,图书馆提倡"送货上门"式的主动服务,把每一个服务对象都作为服务的阵地,按照图书馆的工作模式提供相关服务,而学科服务则是强调服务方式泛在化。随着 Web2.0 技术的广泛应用以及泛在知识环境的逐渐成熟,除了传统的 BBS(电子公告栏)、论坛和邮箱之外,学科馆员还可以借助网络的便捷,通过 RSS(信息聚合服务)、SNS(社区网络服务)、Blog(博客)等技术和软件,利用自己的学科背景知识,随时随地、无所不在地为相关学科提供其需要的信息。

4. 服务内容深层化

学科服务并不是简单的文献传递或馆际互借,其提供的服务内容将更深层化。首先,学科馆员要对获取的信息进行二次加工(即知识化),利用情报学原理和文献学方法,按照相关学科的知识体系分门别类地进行信息的重组(即系统化)。其次,围绕学科建设将知识化、系统化的信息通过服务与学术交流过程紧密结合起来,并利用网络技术进行发布。学科服务的内容始终围绕学科进行建设,从而为用户提供更深层次的信息服务。

5. 服务对象个性化

传统的图书馆服务是"以图书馆为中心",而学科服务是"融入一线、服务到人"。学科服务的逻辑起点不是基于图书馆,而是基于用户及其需求;服务的特点不是无差别的通用服务,而是针对不同用户不同需求的个性化服务。学科馆员主动深入到用户身边、科研一线,及时发现用户需求,发掘用户真实和潜在的个体需求,通过各方协调尽量满足个体需要。

三、高校图书馆学科服务的内容

学科服务的内容是学科服务特点的触发点,是学科服务体系内在的表现形式。在庞杂多样的学科服务内容中,用合理的内在逻辑与外在联系进行整合规划,形成有效的学科服务内容体系,并从用户角度来使各个服务内容在适当的情境中发挥有效的功能和作用,才是制定图书馆学科服务内容的根本宗旨和目的。

陈艺(2007)从教学和科研两个角度对图书馆学科服务的内容进行研究,主要以实践中的应用情况为基点,将学科服务内容分为两大类:面向科研的服务,包括用户资源整合、跟踪服务、信息推送、专题信息提供和个别用户培训;参与教学活动,包括电子教学参考服务、多媒体课件开发和对学生进行指导。[①]

　　郑颖、方曙等（2007）以中国科学院国家科学图书馆成都分馆为研究环境，认为学科服务内容包括资源推送、咨询服务、信息环境建设、信息能力培训和学科情报研究等几方面。[②]

　　张会田、巩林立等（2007）基于网络环境，从用户信息需求出发，从全新的角度阐释学科服务的基本内容：学科服务应该涵盖学术信息实时报道、学术著作导读、学科期刊信息综合服务、构建学科机构知识库专家信息库、学科相关站点导航、学科论坛、信息推送、虚拟实验室等。[③]

　　郭瑞芳（2009）重点阐述了新环境下即第二代学科馆员的概念下，传统学科馆员的主要工作是负责图书馆与院系和用户的沟通联络、参考咨询、学科资源建设、用户培训等工作，而学科服务的内容主要分为课题策划、内容分析、创新性论证、研究过程、论文发表、成果评价、知识产权等。[④]

　　李大林（2009）以高校图书馆为研究对象，从用户所从事学科专业的发展情况和用户的信息需求情况两个角度来划分学科服务内容。认为学科服务的内容包括学科信息收集整理、信息需求分析、宣传培训、信息推送、信息咨询、信息跟踪与反馈等。[⑤]

---

　　① 陈艺：《融入教学科研应用之中的学科化服务》，《现代情报》2007年第11期，第116—117页。

　　② 郑颖、方曙：《学科馆员个性化信息服务初探》，《现代情报》2007年第11期，第32—33页。

　　③ 张会田、巩林立等：《基于网络的学科化信息服务体系构建》，《情报理论与实践》2007年第5期，第686—688页，第701页。

　　④ 郭瑞芳：《新信息环境下学科馆员与高校重点学科服务》，《农业图书情报学刊》2009年第7期，第236—239页。

　　⑤ 李大林：《高校图书馆学科化服务探讨》，《中华医学图书情报杂志》2009年第1期，第45—46页，第53页。

　　欧阳瑜玉(2010)通过对美国排名前 20 的 10 所高校图书馆的学科服务进行调查,总结了美国实践和运用中的学科服务内容集中体现在细分学科主题、多途径的书目检索、设学科专家并提供学科专家个别指导、详细的学科研究指南、对课程的支持与指导、多种形式的用户培训、提供各种书目管理软件等几个方面。①

　　王昭琦、袁永翠等(2012)在文献调研的基础上,对国内学科服务研究现状进行总结,其中在学科服务内容方面进行了简单的罗列。认为学科服务的内容不仅包括沟通联络、资源与服务的宣传推广、用户培训、定题服务和检索查新的基础服务,还包括信息需求分析、个性化服务和学科情报研究等深层服务。②

　　陈红艳、章望英等(2012)通过图书馆主页,对我国 39 所"985"高校的图书馆学科服务进行调查,总结了实践中已经广泛实施的学科服务内容,包括课题查新、学科网页、重点学科网络资源导航、学科服务平台、学科博客、学科及个人学术评价、学科动态跟踪、定题服务。③

　　通过研究不难发现,事物是在不断发展和前进的,没有一个学科服务内容研究能够概括所有学科服务用户、所有信息需求和所有信息环境。图书馆学科服务内容的研究随时代变化和人们对学科服务认识深度不同而不断呈现新的特征,并且在用户的信息需求角度方面越来越注重深层次的知识服务。那么高校图书馆的学科服务主要是面向教学和科研,其服务内容可分为定题服务、学科专题数据库资

　　①　欧阳瑜玉:《美国著名大学图书馆学科服务的特点》,《图书馆建设》2010 年第 12 期,第 73—76 页。

　　②　王昭琦、袁永翠:《国内学科服务研究现状与进展》,《新世纪图书馆》2012 年第 5 期,第 56—59 页,第 18 页,第 52 页。

　　③　陈红艳、章望英等:《我国"985"高校图书馆学科服务现状调查与分析》,《高校图书馆工作》2012 年第 3 期,第 85—89 页。

源建设、学科服务平台建设、团队化学科信息服务等四个方面。

1. 定题服务

定题服务，又称"跟踪服务"或"对口服务"，是图书馆等信息机构根据用户的实际需要，针对某个特定课题，系统全面地对信息进行收集、筛选、整理，定期或不定期给用户提供最新信息，以最大程度满足用户需求，从而实现自我价值的服务方式，如代查代检、科技查新、引文统计等工作均属于定题服务工作范畴。

对于高校图书馆开展学科知识服务来说，定题服务属于基础性服务。其主要实施步骤为：课题委托，课题委托人按照图书馆的要求，填写课题委托书、科技查询合同，向学科馆员详细描述课题的背景资料和框架结构等，方便学科馆员全面了解项目的内容、特点、创新点和要求等；确定检索范围，根据课题委托人所提供信息，依据查全、查准的具体要求，学科馆员确定检索范围，如检索时间段、文献类型、语种、学科、地域等，进而选定相关检索工具和数据库；制定检索策略，学科馆员在充分理解课题和委托要求后，选择恰当的检索词与数据库，制定出不同层次、不同角度的检索策略，并且根据检索结果和反馈意见不断调整检索策略，直至查到满足需要的文献为止；提供定题服务结果并存档保存，学科馆员向课题委托人提供题录、文摘、原文、相关报告等课题检索结果，并将检索到的文献资料和相关工作记录加以归档保存，以便今后定题服务进一步开展时作为借鉴。

2. 学科专题数据库资源

专题主要是指某学科的研究方向或研究分支，学科专题数据库是按学科、专题分类存储的数据库。具体来讲，它是以特定地域、特定行业、特定主题为基本内容的数据库。数据库是信息资源管理和开发利用的基础，它可以有效地将信息资源进行系统的组织和整理，使用户能够方便、及时、快速地检索相关信息。作为高校的知识库，图书馆具备丰富的文献信息资源,同时也具备获取网络信息资源的专业人员和软硬件设施。学科馆员可以与教学科研人员通力配合,综合专业知识和图书情报知识,将网络虚拟资源和馆藏实体资源进行整合,开发出学科专题数据库,如重点学科题录数据库、特色学科全文数据库、学科学术论文数据库、教师指定参考书数据库等。学科专题数据库不仅是简单的某一学科信息知识汇聚,更主要的是学科信息的分析。它随着某一学科的进展而更新动态信息,展示关于某一学科的最新研究成果、研究水平,使用户可以更直观地搜索学科前沿,减少信息搜集时间,提高科研产出成果。可见,建立学科专题数据库不仅可以提高教学质量,也可以提升科研产量。因此,在高校图书馆建设中,凡是涉及教学、科研内容的都可以建立学科专题数据库。

在建立专题数据库时,我们要注意三个原则:专一性、完整性和实用性。专一性即对某一特定主题,系统地收集相关文献,形成某一主题特色;完整性即需同时具备题录、文摘、全文三种形式;实用性即拥有灵活多样的检索方式,根据用户的实际需求设置有效的检索点,增加检索途径。

3. 学科服务平台建设

学科服务平台是学科服务发展到一定时期,利用信息技术和工具,汇集相关学科资源和服务,为用户提供学科知识服务的网络平台。它以用户需求为驱动,以数字化资源为依托,围绕学科和专业筛选信息源,利用网络技术、信息技术、智能化技术,精心组织、整合和揭示学科资源和服务;同时也是学科馆员和学科用户的交流互动平台,能够为学科用户提供学术信息和具有针对性的服务,是图书馆提供学科知识服务的重要手段和途径。目前学科服务平台包括 Lib-Guides 平台和学科信息门户两种。

LibGuides 是美国 SpringShare 公司于 2007 年开发的一款适用于图书馆学科服务的管理与发布的开源软件系统。该系统可以实现图书馆的内容管理与知识共享,利用 Web2.0 技术,融合了浏览、检索、学科标签和分类、RSS 定制、服务咨询、信息评价、用户评论等功能,将已有的 CMS(Content Management System,内容管理系统)与 SaaS(Software as a Service,软件即服务)服务模式、社会性网络软件融合,学科服务作为一项系统、整体的服务在平台进行揭示,形成用户、图书馆员、技术人员都可以参与的内容管理与知识共享平台。LibGuides 可用于建立科研服务导引,服务于学校科研管理、科研项目与科学研究。高校图书馆大多将 LibGuides 作为学科信息发布和交流平台,实现资源发现、利用和共享。如科技查新、查收查引、检索工具及来源刊信息查询、核心期刊查询、定题服务、科研论文写作技巧与投稿指南、文献管理软件的使用等大多是被零散地分布在图书馆主页的各个栏目下,学科馆员利用 LibGuides 将这些服务信息整合在一个共享平台上发布,方便教师及科研人员查找利用,辅助科研论文写作与科研项目申报。

学科信息门户,又称"信息门户""主题网关""基于学科的信息门户",是针对网络信息组织而提出的。在开放式数字信息环境下,学科信息门户将全力集成某学科的资源、工具和服务到一个整体中,为用户信息检索提供方便。学科信息门户是按照某学科(专题)的要求,组织网络信息资源,并对其进行有针对性、深入的揭示。与搜索引擎、垂直网站不同,学科信息门户更具专业性:学科信息门户提供的信息是关于某一专业领域的学科信息;知识性:根据知识内容来分析、筛选信息,描述组织信息资源;集成性:将各种服务集成在同一平台上;智能性:提供符合专业领域的检索方式,并可在专业领域的分类法词表指导下支持优化检索;可靠性:学科信息门户有规范的信息资源描述和持续的更新,确保导航信息的可靠性。

4. 团队化学科信息服务

由于学科服务对知识和能力的要求较高,因此往往需要依靠多方面人员形成团队来开展。它一般包括两种方式,一是依靠团队力量来组织和提供服务,例如将资源开发、信息组织、参考咨询、用户教育和信息技术等方面人员组织成工作小组,或者将不同专业领域甚至不同图书情报机构的信息服务人员组织到团队中;或者吸收用户或外部专家参加团队,利用多方面知识来提供高质量高效率的学科服务。二是学科馆员可以作为学科课题或科研立项的参与者,一起加入到科研团队中,成为专门处理信息资源,及时解决团队内信息需求的信息专家。凭借自身对学科专业知识的了解,以及熟练利用图书馆资源的能力,将最新最前沿的学科信息资源整理出来,以学科期刊、网络博客、问题综述等形式发布、共享,使团队中的其他成员能够及时掌握相关信息资源,从而推动科研项目的顺利进行。

四、高校图书馆学科服务的模式

从学科馆员制度的建立及实施与完善,进而开展以团队为主体的协同学科服务,到目前以融入教学科研过程为主要方向的嵌入式学科服务模式,国外高校图书馆在学科服务模式上进行着不断的研究与实践探索,将学科服务工作不断推向新的高度。国外在学科馆员服务模式、学科信息门户模式、学科分馆模式等诸多方面进行了广泛而深入的研究。在服务理念上,较早地实现了以图书馆为中心到以用户为中心的平稳过渡,实现了学科馆员制度点对点到学科服务面对面的深刻变革。国外高校图书馆针对自身特点,创造性地走出了一条适合自身发展的学科服务道路,在学科服务人员队伍建设、学科资源整合与利用、用户信息素质教育、用户协同融合、融入教学科研过程等诸多方面进行了有益的尝试，取得了显著效果。国外学科服务历经几十年发展历程，探索最有效、最便捷的学科服务模式一直是学科服务研究的重点关注内容。

目前，高校图书馆已形成多种学科服务模式。其中，学科馆员模式是学科服务的基础模式；学科信息门户模式为学科服务的实现途径；学科分馆模式体现了学科服务的资源组织与服务模式；嵌入式学科服务模式是充分发挥高校图书馆学科服务效能的重要举措。在实际运行中，高校图书馆往往会选用其中的一种或几种模式组合运行。下面，我们来简单介绍一下这几种常见的学科服务模式。

1. 学科馆员模式

学科馆员模式是图书馆以学科为对象而建立的专业人员对口服务模式，是图书馆实施学科服务的基本形式。主要是利用学科馆员的专业技能和信息素养面向学科用户，通过沟通、交流和协作而提供服务。以学科馆员为核心，为图书馆与用户之间搭建资源利用的桥梁，促进图书馆信息服务向知识服务转变。学科馆员承担着学科联系人的角色，其主要职责是与用户联络与沟通、用户培训、参考咨询、参与学科资源建设等。随着用户信息环境和信息获取方式的网络化、智能化，用户的信息需求表现出综合性、深层次和复杂性等特点，他们需要更深入细致的专家级服务内容。因此，新一代学科馆员需要与学科用户进行学术交流、沟通，从用户需求出发，协调全馆和各方面的力量，为用户提供学科化、知识化、个性化服务。

2. 学科分馆模式

学科分馆是根据相关学科的需要按照学科分类，根据一级学科、二级专业、三级研究方向及课程体系等分层次、有侧重地开展与之对应的信息资源建设，并提供检索、收集、加工和利用等的信息获取过程的服务模式。该模式以建设分馆为核心，集中收藏了某一学科的文献资源,使图书馆信息服务由粗放型管理转向学科化、集约化管理,有利于学科馆员提供更深入、更精细的服务。学科分馆在国外发展很早,也很普遍,欧美很多高校图书馆建立有学科分馆。国内近年来也有部分高校图书馆建立了学科分馆,如北京大学图书馆、厦门大学图书馆、华南师范大学图书馆等。

3. 学科信息门户模式

学科信息门户是一种在开放式的数字信息服务环境中,将特定学科领域的信息资源、工具与服务集成到一个整体中,为用户提供方便的学科信息检索和集成服务入口[①]。学科信息门户分为综合性学科信息门户、多学科信息门户和单一学科信息门户,用户在学科信息门户中可以进行知识的共享和交流[②]。学科信息门户是用户驱动型的资源建设与服务模式,它通过学科信息发布、学科信息导航、学科信息检索、学科论坛、用户反馈处理、信息定制与推送等服务功能实现了对用户的学科化、个性化、知识化服务。目前,各高校相继建设了多样化的一站式信息服务网站,为教学、科研提供学科化专业信息服务。

4. 嵌入式学科服务模式

嵌入式学科服务是高校图书馆以学科用户需求为中心,利用现代图书馆网络技术,主动深入学科服务一线而开展的全方位、跨地域、实时跟踪、满足用户个性化信息需求的增值性知识信息服务。学科服务嵌入学科教学环境中,应做到:第一,收集各院系的教学安排,通过参加各院系的学术研讨会,走访各院系,和院系师生沟通,深刻

① 胡昌平:《面向用户的资源整合与服务平台建设战略》,《中国图书馆学报》2005 年第 2 期,第 5—9 页。

② 李晨:《泛在知识环境下的图书馆学科服务研究》,南京航空航天大学硕士论文,2013 年,第 24—26 页。

了解院系教师需求;第二,根据重点学科的发展动态,有目标、有项目地搜集信息资源,听取读者意见反馈。而面向科研的嵌入式服务主要包括两方面:一是学科馆员针对科研的不同阶段提供服务,如项目立题与查新、学术追踪、成果存储等;二是学科馆员融入科研用户的科研团队,对课题策划、内容分析、论文发表、成果评价等方面提供全过程的服务。嵌入信息素养教育,就是对用户进行信息检索知识的指导以及文献管理软件、统计分析软件的使用培训等。嵌入式学科服务的兴起,在学科服务深化发展中具有重大意义,它是图书馆探索学科服务模式、深层次解读学科服务本源,以用户为本、充分发挥高校图书馆学科服务效能的重要举措。

第四节 国内外高校图书馆学科服务现状比较

一、国外高校图书馆学科服务现状

1. 美国康奈尔大学

(1)图书馆概况

康奈尔大学始建于 1865 年,是美国著名的常春藤盟校成员。校园一部分土地属于纽约州政府所有,这样的大学有为所在州公民提供服务的义务,所以说康奈尔大学是一所公私合一的综合性大学,当前约有本科生 14000 人、研究生 7000 人、教师 2800 人、职工 11000人。康奈尔大学图书馆(以下简称 CUL)是美国排名前 10 位的著名研究型大学图书馆,拥有 800 万册馆藏,由 18 个分馆组成,有 400 多位馆员。CUL 现有约 50 位学科馆员,分别隶属于主馆多个部门以及分布在整个校园的各个专业分馆。

(2)学科馆员职责

CUL 的学科馆员职责被鲜明地概括为"CRIO"。C 代表的是

Collection(馆藏建设),学科馆员需要了解馆藏学科资源分布,院系文献分布以及本学科的学术发展动向,然后根据当年的专项资源采购经费制订本学科的书刊采购计划。R 代表的是 Reference(参考咨询),所有学科馆员都参与参考咨询服务,尤其是与对口学科相关的深度咨询;此外,学科馆员还负责编写学科指南资料,用于介绍该学科的主要文献资源及其在研究中的运用,介绍图书馆主要服务和学科馆员联系方式,解答常见问题。I 代表的是 Instruction(教学培训),学科馆员承担着相关学科的教学培训任务,一般有与教师合作授课、举办讲座和开展迎新活动等三种形式。O 代表的是 Outreach(院系联络),学科馆员通过参加院系会议、参加教师午餐会、在院系设立咨询台及在院系网站上设置学科网页链接等形式与对口院系保持联系。

这四项基本职责分别与学科密切挂钩,从四个角度发挥学科馆员的作用。具体到每个学科馆员,则根据自身工作任务不同,承担四项职责中的全部或大部分;此外,他们还常兼有其他专门任务[1]。

(3)学科馆员制度

CUL 突出学科馆员的职责,注重实效。学科馆员没有固定的名称,其称呼随工作职责而定,如负责物理与天文学科的称为 Physics & Astronomy Librarian,负责化学学科的则称为 Chemistry Librarian;同一名学科馆员,开展不同工作时,其称呼也不一样,如开展学科资源建设时称为 Book Selector,进行学科咨询时称为 Subject Specialist,负责院系联络时称为 Library Liaison,开展读者培训时称为 Instructor。

---

[1]   范爱红:《美国康奈尔大学的学科馆员工作模式及其启示》,《图书馆杂志》2008 第 2 期,第 63—66 页。

CUL 向每一位学科馆员发放聘任书,里面规定了学科馆员的工作内容、工作要求和工作方法。每年图书馆都会对学科馆员的年度工作进行考核,收集学科馆员一年来的工作信息资料,对其进行分析评价,最后,对本年度在教学培训、科学研究、深入院系的服务中表现出色的学科馆员进行奖励。总体来说,CUL 的考核比较人性化,以鼓励为主,鼓励那些肯于钻研未知专业知识的学科馆员,努力为学科馆员创造一个有益于发展的环境。

CUL 向来重视对学科馆员的培训工作,建立了长效培训机制,开展了一系列丰富多彩的培训活动,涉及信息素养教育、信息技术应用、知识产权保护、数字出版与开放获取等多个方面。

(4)学科服务特色案例

①融入科研活动的全过程

CUL 在其"2011—2015 战略规划"中明确提出:图书馆要在科研过程的每个阶段对师生提供支持与服务。强调学科馆员参与到科研活动的全周期,例如:科研筹备阶段,促进跨学科合作研究、提供基金申请咨询与支持;科研进行阶段,提供深度学科咨询和各种科研工具的应用;科研成果产出阶段,提供学术出版传播和数字化服务;科研结束阶段,提供数据监管存档服务等。

通过提供全方位科研支持,CUL 希望改变其作为服务者的单一角色,逐渐成为研究者必不可少的合作伙伴。CUL 具有代表性的特色科研服务有:一是 VIVO。VIVO 是一个基于开源语义和本体结构的 Web 发现工具,其主要用途是创建虚拟学术互动社区,帮助研究者和管理者寻找潜在科研合作伙伴。二是学术出版传播。为了促进学术成果的传播与开放获取,满足学者的出版需求,抵制商业出版物价格上涨,CUL 涉足学术传播与出版领域,努力建立以开放获取为主体的新的学术交流体系,如 arXiv.org 免费电子预印本文献库,

Project Euclid 在线出版物平台,Signale：Modern German Letters,Culturesand Thought 电子丛书,eCommons@cornell 康奈尔大学机构知识库。三是数据监管。在数据监管服务中,学科馆员提供研究数据服务咨询,协助教师按照基金申请要求和数据特点制定研究数据管理计划,了解师生对于研究数据的信息管理需求,参与制定数据保存标准,参加数字仓储建设,关注数据监管的发展。

②学科馆藏建设服务的深化拓展

近年来电子资源迅猛发展,学科馆员的角色不断拓展,学科馆藏建设的工作模式、内容和流程都发生了深刻变化。随着信息技术的广泛采用,学科馆员参与到数字馆藏建设相关的大量工作,包括协议谈判、建立电子书馆藏、纸本馆藏的数字化、学科数字馆藏建设等。除机构库建设外,学科馆员还参与"CUL 数字馆藏注册"计划(CUL Registry of Digital Collections)。注册的数字馆藏是一个按系统方式组织起来的、由元数据支撑的电子馆藏集,可按多种方式检索。注册数字馆藏清单通常由负责相应学科物理资源采选的学科馆员维护。这项计划的目的是提高数字馆藏的资源发现能力,促进数据收割、联邦检索和信息维护。

2004 年,CUL 发布采选与订购集成工具 ITSO CUL(Integrated Tool for Selection and Ordering at CUL),它以 Web 界面为学科馆员提供最新书目信息,学科馆员不仅可以查看自己的采选记录,还可向其他学科馆员推荐书目。而且,采编馆员可以方便地订购出版物,将选定的书目记录直接批量导入 OPAC。在产品早期开发阶段,学科馆员参加顾问组工作,对其功能提出建设性意见。ITSO CUL 改变了学科馆员和技术服务部门订购文献和内部交流的方式。基于 ITSO CUL,2006 年 CUL 与 OCLC 合作开发了 WorldCat Selection 系统。

2. 英国约克大学图书馆

(1)图书馆概况

约克大学作为英国罗素大学集团和白玫瑰大学联盟的重要学术成员之一,是世界百强名校。约克大学图书馆基于融合模式,与IT服务、档案馆共同组成信息服务部门,旨在搭建一个有利于支撑、促进和提高世界级的教学、科研、商业和社区活动的信息平台。约克大学图书馆以服务见长,是英国高等教育机构中第一批获得内阁办公室颁发的卓越客户服务称号的融合性服务部门之一(含图书馆和IT服务),是约克大学第一个获此殊荣的部门。

(2)学科馆员职责

约克大学图书馆结合自身的特点和需求,对大而笼统的服务模式进行细分,按照其服务功能,在关系管理小组下组建了学科联系团队、教学和学习团队、科研支撑团队。

学科联系团队作为图书馆与院系之间的桥梁,主要负责与院系沟通、了解读者需求、解答咨询、信息素养培训、用户意见评估、学科资源导航、馆藏资源建设等。

教学和学习团队关注的重点是如何为用户的教学和学习提供支持。该团队面向用户提供嵌入课程的数字技能培训、通用信息素养培训、一对一用户指导、二线支持等;制作HTML和视频类的在线教程;建立专门的教学资源库,通过谷歌站点实现部门内部共享;嵌入用户的学习、科研和教学环境中,发现问题,提供有针对性的技术指导;根据用户的需求,提供技术支持和解决方案。

研究支撑团队的工作则侧重于关注研究方向,负责提供开放获取服务、用户版权意识培养和培训、研究数据管理、文献计量服务以及支撑研究过程中的各种技能培训。

各个学科团队分工明确,同时有效地沟通与合作,使学科馆员在特定的领域发挥专长,明确主攻方向,不断形成自己的核心竞争力。

(3)学科馆员制度

为了提升学科馆员的素养和能力,约克大学图书馆从用户的学习、教学和科研需求入手,提供了多方位、多类型的在职培训,且在培训中强调理论与实践相结合,做到学以致用、用以促学。约克大学图书馆的馆员培训一般通过三种途径:一是重视部门培训,让各学科团队分享各自学科服务的经验和成果,相互交流,取长补短。二是利用学校内部的教学资源,提升学科馆员的素养和能力。邀请学校专家到馆授课或参加学校、院系的各种讨论会、培训会,提升学科馆员的专业能力和素养。三是利用学校外部的资源,提升人力资源水平。约克大学图书馆与白玫瑰大学联盟的其他成员紧密联系,通过案例展示、分组讨论等方式,展示各自的学科服务成果,探讨学科服务中的热点,理论和实践相结合,拓展学科馆员的视野,提升服务能力。

(4)学科服务特色案例

①通用和嵌入课程相结合的数字素养培训体系

约克大学图书馆面向不同层次的用户提供了不同的数字素养培养方式。学科馆员会根据长期的教学经验,结合用户调查反馈和分析,决定培训方式。

针对学生基础写作能力等方面的主题,采用通用型的数字素养培养方式。培训方式多样化,既有面对面的单次教学,也有系列写作周的培训活动,同时提供在线教程、在线视频等方式。

针对硕士生、博士生等用户群体,约克大学图书馆建立起一整套嵌入式数字素养培训体系。学科馆员根据不同的课程设计不同的教学任务、教学方案,既有学科资源概览、文献检索技能,也有研究数据设计和管理、Spreadsheets 基础等内容。教学方式多样化,既有翻转课堂的应用,也有基于 KAHOOT 在线测试的应用。所有教学任务均围绕特定学科展开,针对性强,大大提高了学生的参与度和满意度。

②面向教学和学习的在线教程和教学资源库建设

为了适应网络环境和虚拟环境下学生在线学习的需求,教学和学习团队提供大量的在线教程,既有静态教程,也有互动型教程。内容涉及信息检索、信息评估、文献管理、社交媒体、软件技巧等,集成在图书馆主页上,方便用户特别是在课程体系中没有嵌入信息素养技能的学生随时获取。同时,教学和学习团队还创建了教学资源库,包括培训 PPT 模版、可嵌入教学方案、在线教学对象等,并通过谷歌站点实现内部共享,保证了教学质量。

③根据用户需求,定制技术解决方案

除了基于数据、资源的学科服务之外,约克大学图书馆还尝试根据用户的需求,为用户定制技术解决方案。自 2012 年约克大学使用谷歌服务以来,教学和学习团队的成员利用 APPS SCRIPT 和其他编程语言,根据用户需求,定制多套技术解决方案,让谷歌的各项服务嵌入用户的教学和科研中。具有代表性的项目有:嵌入式的合作类培训项目 GFAFFWISK;采用 JavaScript 语言为学生创建 Google 驱动文件和文件夹的 BFFN 项目;基于 Google Hangout,指导学生创建多媒体导览的 Breary Banks iPad App 项目;应用 Three. js 的 3D 展示项目等。

3. 新加坡南洋理工大学图书馆

(1)图书馆概况

新加坡南洋理工大学图书馆(Nanyang Technological University Libraries,以下简称 NTUL),是亚洲著名的研究型大学图书馆。NTUL 拥有 8 个分馆,专业学科馆员 35 名,馆藏印本资源总量 80 万种,每年新增近 5.2 万本,高质量视听资源 3.9 万件,订阅 221 个覆盖所有学科的数据库资源和 5.7 万种电子期刊,51.5 万种电子图书。

(2)学科馆员职责

NTUL 共有专业学科馆员 35 名,每位学科馆员至少服务一个专业学科,是真正服务于学科而非学院,如艺术、设计与媒体学、计算机科学、经济学和英语文学等。并且实行"双角色"制度,即学科馆员除作为一个学科的专业馆员外,至少还要兼职从事一项与学科服务相关的工作,如采编、学术交流、宣传营销和数字化等。在学校寒暑假期间,他们主要从事文献资源建设、机构库更新维护、数字化工具开发和数字化平台建设等工作,以便开学后更好地为师生提供学科服务。随着新时代赋予研究型图书馆新的历史使命与存在价值,学科馆员角色定位也呈现出新的发展态势。从传统的以馆藏发展建设、电子资源管理、宣传推广、信息素养教育、参考咨询和院系联络为主要工作,开始逐渐深化和扩充服务范畴,包括对学术出版与传播的支持、文献计量服务、开放获取、内容创建和科学数据管理等。

在 NTUL 主站上,学科馆员栏目中清晰标明每位学科馆员所负责的学科,每位学科馆员介绍页中都放置了个人照片,此外还包括个人简介、联系方式、学科馆员职责、操作职责、工作经历、学科专题网站、研究领域和学术成果列表等内容,充分揭示出学科馆员的个人情况,展现了学科馆员的良好形象,让用户对学科馆员的工作能力有进一步的了解,间接建立了信任关系。

(3)学科馆员制度

为了提升整个服务团队的学科服务能力与水平,2013 年 NTUL制定了《学科馆员工作框架》。该框架的目的就是阐明学科馆员所需要具备的主要专业知识领域,定义每个指标被期望的专业水平,图书馆用该框架进行绩效督导、个人与团队评优参考,而学科馆员可以通过该框架进行自我评估。该框架也为学科馆员及团队提供了专业发展的途径。学科馆员工作框架定义的不是具体的工作技能,而是学科馆员从事学科服务工作需要具备的知识和服务信心,图书馆对其从事学科服务工作的期望和建议。工作框架定义的指标期望水平分为四级:一级,知道或意识到事情是什么,一些事情是如何做的;二级,有一定能力,能够执行某些活动,并能陈述或写出活动是如何进行的;三级,在这个领域是精通和熟练的;四级,是这个领域的专家和权威。该框架分为学科知识领域、资源知识领域、研究环境与趋势、高等教育环境与趋势、教育教学指导、图书馆业务、常识等七个领域。每个领域还细分二级指标、对应的期望等级、建议和技巧提示说明。

(4)学科服务特色案例

①机构知识典藏库(DR-NTU)

2005年,NTUL开发了数字化成果存储与交流知识库(Digital Repository-Nanyang Technological University,简称 DR-NTU)即南大机构知识典藏库,主要用于收集和保存教师、科研人员和学生的学术与智力成果(如本校师生出版的图书与图书章节、案例研究、评论文章、会议论文、期刊论文、学位论文、海报和工作报告等文献),提高学术影响和论文被引用率,加快研究成果的传递、学术交流和知识共享。2009年图书馆将 DR-NTU 与学校研究信息管理系统(Research Information Management System,简称 RIMS)整合,其目的是方便科研人员在提交全年研究成果目录的同时,也将电子全文提交到 DR-NTU 中。

②南大博客平台(blogs@NTU)

NTUL 利用 WordPress 免费内容管理系统软件,建立起为整个大学服务的南大博客平台(blogs@NTU),并创建多个与学科服务相关的博客空间。包括:学科分馆博客(Subject Library Blogs),主要用于宣传图书馆的新资源与服务。博客内容包括图书馆新书刊发布、资源推荐、更新的电子资源、资源使用技巧、图书馆公告、新闻、大事件和评论等。大事件博客(happenings@NTU Libraries),将图书馆所开展的最新会议、竞赛、展览等活动进行及时发布,并留存以往的各主要大事件和各届展览活动,按月归类,提供主题检索功能。学习博客(Learning@NTU Libraries),整合了图书馆提供的各类信息素养信息,同时还公布了图书馆教学服务组学科馆员的联系方式及提供的服务内容。学术交流博客(Scholarly Communication Updates),通告与 NTU 发展相关的学术交流方面的各种信息,如版权、数据管理和开放获取等。专业导航博客(Subject Guides),制作有107 个网络虚拟专业导航博客,将与专业相关的所有信息整合在一起。同时提供关于学术论文写作、学术研究道德规范政策指南,图书馆常用下载工具,学科馆员的照片、服务范围和联系方式。各院系及教学科研人员个性化博客,根据各院系及教学科研人员的个人要求,为他们设计并制作个性化的博客,如课程博客、项目博客和校友会博客等。

二、国内高校图书馆学科服务现状

1. 上海交通大学图书馆

(1)图书馆概况

上海交通大学(以下简称上海交大)有 70 多个一级学科点,共260 个学科团队,承担着全校教学、科研的全部工作任务。上海交大图书馆选拔了 40 多名学科馆员作为核心,组建了自己的团队——学科服务团队。该团队隶属于读者服务总部,占读者服务总部人数一半以上;团队成员均为硕士或以上学历,平均年龄 38 岁,专业背景覆盖了工学、理学、人文社科。1 名副馆长兼任读者服务总部主任,下设 7 名副主任,分别负责工学部、理学部、人文社科部。为了有效地与各个学院取得实质合作关系,图书馆与各个学院协商,从每个学科团队中选拔 1 名信息专员,截至 2014 年一共招募到 246 名信息专员。

(2)学科馆员职责

上海交大图书馆读者服务总部按学科方向分别设置了工学、生医农理和人文社会科学 3 个学科服务部以及 1 个兼顾基础服务的综合流通部。各学科部下面分别由学科馆员牵头,协同咨询馆员、阅览室管理员组成服务团队,面向各院系开展纵向深入的学科化服务,重点承担院系联络、需求调研、参考咨询、读者培训等工作。除此之外,还要协同开展一些跨学科、全局性服务工作,如"信息素养教育""资源导航平台建设"等。

(3)学科馆员制度

为了保证学科服务按计划有序开展,图书馆专门制订了《学科服务中长期规划》,包含:①学科服务的背景、内涵与意义;②目标、任务与近景、远景规划;③服务框架、服务模式与政策规范;④队伍建设;⑤组织与管理,具体包括组织结构、工作流程、管理制度与管理办法等内容。

此外,还制定了《学科服务工作指导方案》等文案,出台了一系列指导规范,用于服务、管理及留档统计,如《馆长推荐函》《用户需求反馈登记表》《学科服务情况统计表》《学科馆藏资源导引手册》《阅览室咨询日志》《读者培训情况登记表》《任务进度表》等。

可持续发展是图书馆学科服务成败的关键。为了把握前期学科服务的推进效果和整体成效,图书馆采取读者调查、自检及馆内同行评价、"读者—专家—馆员"互动点评 3 种方式对学科服务进行全方位评估。

（4）学科服务特色案例

IC^2 创新服务模式是上海交通大学图书馆首创的一种服务模式，它的目标是"启迪创新、鼓励参与、促进交流"。IC^2 以"学科服务"为主线开展工作，在强调支持学习的"信息共享空间（Information Commons，IC^1）"基础上，引入"创新社区（Innovation Community，IC^2）"的新型服务理念，即图书馆主动创新服务机制，根据读者个性化需要，营建支持主题学术交流和创造的环境，并提倡与读者的互动与交流，鼓励读者参与，支持协同研究，启迪创新思维。两种 IC 模式通过职能互补和整体优化，从而产生单一服务模式下不能实现的乘法甚至指数效应，用公式形式可以形象地表示为 $IC^2 = $ Infomation Commons$(IC^1) \times$ Innovation Community(IC^2)。IC^2 创新服务模式包括 IC^2 创新支持计划和 IC^2 人文拓展计划两个子品牌服务。

①IC^2 创新支持计划

IC^2 创新支持计划以支持学术交流和研究创新为基点，面向学科、针对学科组织和开展各项服务是其最大的特色和亮点。在这其中，人员协同、资源体系、空间布局、服务基地、服务对象、知识环境、虚拟空间等各要素均巧妙地与"学科"融合，为学校教学、人才培养、科学研究提供全方位的立体支撑，逐渐形成全馆协同服务的"泛学科化服务体系"。

具体来说，泛学科服务主要涵盖六个方面内容：学科资源保障体系建设，创新交流与互动社区，全方位学科咨询，走进院系、融入学科，信息素养教育和个性化学术服务。其目的是有效连接信息与创新，顺畅推进学术知识的无缝存取与准确利用。

②IC^2 人文拓展计划

上海交大图书馆继 2008 年主馆落成及 IC^2 创新服务体系推出后，以"点亮阅读、启迪人文、弘扬文化"为主旨，又系统推出了全面助推校园文化建设的 IC² 人文拓展计划,以期用不同方式、从不同视角来推进校园文化建设,提升校园人文素养。

IC² 人文拓展计划共设有"阅读,让校园更美丽""思源讲坛 & 叔同讲坛""鲜悦(Living Library)""艺术走进校园""主题展览"等五大模块,主要涉及主题征文、主题书展、人文经典讲座、多媒体资源展播等各类丰富多彩的活动。

2. 中国人民大学图书馆

(1)图书馆概况

中国人民大学图书馆(以下简称人图)学科服务工作始于 2004 年,是在咨询部开展的学科联系工作基础上建立起来的。2010 年,根据学校教学科研的发展需要,人图对学科服务工作进行了优化调整,按学校学科群设置及学科特点组建了 6 个学科服务组,即人文学科组、经济学科组、社会学科组、法政学科组、理工学科组和机关服务组,服务面涵盖全校所有院系和机关部处。每个学科组配备相应学科背景的学科馆员若干名,设组长 1 人,以学科组为单位,协同开展学科服务工作。2010 年组建学科服务组之初,6 个组共有 25 名学科馆员,来自咨询部、采编部、系统部、报刊部、借阅部、经济与管理分馆和办公室等部门。发展至今,已有 44 名学科馆员,来自全馆各个业务部室,主要开展面向学科用户的专业化、个性化知识服务。

(2)学科馆员职责

按照人图学科服务工作实施方案的规定,每个学科服务组均承担学科信息联络、学科资源建设、学科资源宣传、学科用户培训、学科信息导航、学科动态跟踪等六项主要的工作职责;这些工作职责中大部分为定性规定,部分有明确的量化要求。

各学科服务组根据本组学科馆员情况和服务院系的情况而不尽相同,但各组都是采取分工＋合作的工作模式。大部分学科服务组依据本组服务的院系来进行人员分工,即院系日常的学科联络、学科资源荐购、学科资源宣传、学科动态跟踪等工作由指定的学科馆员负责;开展特定的学科服务活动时,又采取合作的形式,根据人员特长来分配活动中的不同角色,如培训幻灯片制作、讲解、联络、宣传、摄影等。有的学科服务组则直接根据学科馆员的特长来分工,如有的负责学科联络工作、有的负责学科用户培训、有的负责学科信息导航等。

（3）学科馆员制度

为了确保人图学科化服务的有效开展,对各组学科服务工作进行监督和规范管理。在管理措施和组织保障上,人图主要做了以下工作:

①制定《中国人民大学图书馆学科服务实施方案》,其中包括学科服务的工作模式、学科馆员的任职条件、学科服务组的工作职责及学科服务考核办法等内容。

②建立学科馆员工作记录单及用户反馈记录单,为学科服务留下重要的档案记录。

③定期召开学科服务组例会以及各组内部例会,加强学科馆员之间的交流;同时各学科服务组还通过设立 QQ 群即时交流等形式,加强团队成员的交流和联系。

④定期开展学科馆员培训,以提高学科馆员自身能力和学科服务水平;同时,积极为学科馆员提供外出交流学习的机会。

⑤为了方便各学科组开展学科服务工作,每个学科组配备了专门的研讨室,可以用于学科用户的研讨及学科组成员的研讨活动;在条件允许的范围内,为各组学科服务工作的开展提供一定的资金支持,并为每个学科馆员配备学科服务必需的设备等。

（4）学科服务特色案例

①建设 Web of Science 收录期刊投稿指南数据库。

Web of Science 平台包括《Science Citation Index Expanded（SCI，科学引文索引）》《Social Sciences Citation Index（SSCI，社会科学引文索引）》和《Arts&Humanities Citation Index（A&HCI，艺术和人文科学引文索引）》。人大图书馆对三个引文数据库所收录的期刊按学科主题进行整理，由学科馆员参与建设并制作成了投稿指南数据库。

数据库提供各学科影响因子前十名期刊列表、期刊名称、ISSN号、期刊影响因子等期刊评价指标、收稿特色、投稿须知等内容。其中"投稿须知"为读者在线投稿指示路径，期刊影响因子等期刊评价指标为读者选择投稿期刊提供参考。

数据库提供"英文刊名""ISSN""学科主题""来源"四种查询字段，可以实现对特定期刊投稿信息的查找。检索结果可以查看到期刊的来源数据库、中英文刊名、ISSN、出版者及地址、影响因子、立即指数、H 指数、收稿特色等信息。

②为学校引进人才、学科评估、申请科研项目和基金项目提供辅助服务。

随着学校各学科建设的不断深入，引进人才的频率不断加快，学科评估及影响力测评都是学校急需的服务。针对待引进人才的科研成果核查及学校重点学科的评估，图书馆与校科研处、规划处提供查收查引服务、学科影响力测评服务，对引进人才的科研成果被三大引文库、EI、CPCI（原 ISTP）等数据库收录的情况进行检索，对学校重点学科师生的发文情况、被引情况、高被引论文情况进行综合检索并将检索结果提供科研处和规划处，供其引进人才及学科评估参考，对教师申请科研项目、基金提供科技查新服务，受到了学校相关部门的欢迎和好评。

三、国内外高校图书馆学科服务差异

1. 学科馆员职责对比

国外高校图书馆学科馆员的职责主要有：①教学和科研支持。为学院提供图书馆的相关资源和服务，并选择相关的资料支持教师和学生目前的课程，为学生和教师提供定制的教学和研究帮助。②宣传推广图书馆的资源和服务，并购买资料。为教师和学生提供图书馆的政策和程序的信息以及关于图书馆资源和服务的相关信息，收集学院要求为图书馆的馆藏建设提供依据，并审查学院的采购申请，指导其在各自学科内建立收藏。③资源整合。学科馆员需要负责其学科门户网站和学科的信息服务平台的信息管理和维护，提供其负责学科的相关资源推荐和整合。④教授学生信息素养技能和研究工具的使用。⑤提供专门的参考咨询。可以预约一名学科馆员，在线咨询、电话或邮箱联系。

国内高校图书馆学科馆员的职责主要有：①资源建设。了解对口院系的教学科研情况和发展动态，熟悉该学科的文献资源分布，参与对口学院相关学科的资源建设，提供参考意见，负责编写、更新相关学科的读者参考资料，包括学科服务网站、资源使用指南等。②学科数据分析。追踪学科的热点，分析学科的发展态势。③推广宣传图书馆的资源和服务。系统推介图书馆购买的各类资源及提供的各类服务，及时通报最新资源。④了解院系需求。与学院进行信息交流，了解院系学科建设与专业发展的方向，以及院系文献资料建设的情况，征求院系对图书馆资源建设与服务内容的建议与需求。⑤提供培训与讲座。提供文献检索、信息素养培训及图书馆利用等相关知识的讲座。⑥学科服务嵌入科研过程和教学过程。

国内外高校图书馆学科馆员职责大体相同,主要负责资源建设、资源推荐、参考咨询、培训指导、宣传推广、教学科研支持等工作。不同的是,国外更加强调学科馆员对科研和教学的支持,国内更注重资源服务,特别是在国家强调"双一流"建设的背景下,国内侧重于学科评估和分析。但是国内学科馆员的服务很多还停留在参考咨询的层面,即使设置了学科馆员制度,也只是列出了该学科馆员负责的相关院系,并没有相应的学科服务平台支撑。

2. 学科服务制度对比

(1)学科馆员素质要求

在国外,高校图书馆的学科馆员必须是由双学士学位(同时拥有图书情报相关专业和其他某学科学士学位)或硕士以上学历、拥有资格证书的资深专业从业人员担任,他们不但有扎实的图书情报专业知识,还有具体学科的研究经历。此外,国外图书馆特别强调学科馆员的沟通协作和网络技术应用能力。

在国内,没有建立起相关认证机制,馆员的就职门槛普遍较低,甚至存在高校图书馆对于普通馆员与学科馆员的任职资格不做划分或模糊划分的情况。在图书馆馆员招聘上普遍将职业素养和具有接受相关学科系统化教育设置为准入的门槛,在学历上规定是硕士及以上学历,如果有着相关行业工作经验以及接受过相应的系统教育的人则更有优势。然而,优先并不意味着是学科馆员的必备条件。

(2)学科馆员设置

国内外的学科服务都是以学院或专业为单位,考虑学科馆员的学科背景和专业知识,实行一对一、一对多或多对多的模式进行学科服务。但是国外的学科服务划分更细,内容更多。国外的学科服务细分至每个学科的具体研究主题,学科服务内容不仅包括学科主题指导,还包括课程指导。国外的具体学科服务模式为一个学科专家服务多个学科主题。每一个学科会包含多个学科主题,每一个学科主题建立一个学科服务平台。国内的学科服务模式为一个学科馆员服务一个学院或多个学院,一个学科馆员服务一个学科或多个学科,一个学科馆员服务一个或多个学科组,一个学院对应一个或多个学科馆员,这与学科馆员的专业背景有关。可见,国外的学科服务是根据具体研究主题划分的,而国内学科服务是组建学科服务组,或按照学院、学科来划分。

（3）学科馆员考核

在学科馆员的考核方面,国外高校图书馆都设有专门的管理与组织机构,如美国大学大都设有联络委员会和顾问小组,负责与院系合作和学科馆员的任命、培训、考核、项目指标的实施等;而国内高校图书馆的学科馆员大都由相关部门兼管,设置专门管理机构的很少。因此,学科馆员大都分散在大学图书馆各业务部门的岗位上,大都没有实现真正意义上的学科馆员制度与有效的管理机制,普遍存在着学科馆员的业绩无法体现,考核指标无法量化,缺乏相应的激励机制等问题,造成学科馆员岗位缺乏竞争力。

（4）学科服务平台

学科服务平台是依托计算机硬件系统来展现学科服务内容、服务资源和服务团队等信息的平台或者网页,它不仅包含资源、服务和工具等模式,还包括知识共享和数据管理等扩展模块。

①学科服务平台选择。

国外高校图书馆学科服务平台比较单一,基本上是 LibGuides 平台。学科馆员自主建设和维护与学科相关的资源和推荐内容,涉及的学科都在 10 个以上,具体的研究主题指导有上百个。学科服务平台涉及的内容包括与学科相关的图书馆资源、网络资源、主要的数据库资源、研究工具、实践资源、引用分析、引用管理工具等。每个研究指导的服务平台涉及的内容不一样,都是与学科相关的资源指导、研究指导、工具指导等。

而国内高校的学科服务平台比较多元化,大多数高校使用的是国外的 LibGuides 平台,部分高校也使用国内开发的学科服务平台,例如北京大学图书馆使用的是维普开发的学科服务平台。国内高校图书馆使用的 LibGuides 平台,需要图书馆安排相应的学科馆员进行资源的整合、发布和管理。其学科服务平台涉及的内容包括数据库、相关资源、学术动态及热点追踪、科研导航、学科教育等,每个学科涉及的内容不一样,与学科的特性有关,也跟学科馆员有关。国内开发的学科服务平台支持图书馆员发布、维护本学科的知识门户,将学科相关的信息发布给用户,也可以帮助图书馆建设学科信息服务平台。其学科服务平台的模块都是固定的,且都是委托平台服务商建设学科指南。每个学科服务平台涉及的内容类别一样。

②学科资源模块

从资源模块的构成来看,国内外高校图书馆一般都有两种及以上多元化的学科资料来源,且大部分国内外高校都拥有基于 Lib-Guides 等系统构建的学科主题资源。国外高校图书馆主要有学科图书馆和基于 LibGuides 等系统软件的学科指南两种资料来源。国内高校图书馆主要有基于 LibGuides 系统软件的学科指南和 CALIS 重点学科导航。

从内容的新颖性和访问的便捷性来看,LibGuides 平台的学科资源是基于本机构建设的,访问较为快捷。但由于其运营商来自美国 Spring Share 公司,国内高校引入该平台后有些板块未进行文字转换处理,系统仍然显示英文,给用户带来很大不便。国外部分高校的学科图书馆是依托本地资源和服务自建的,是用户准确定位纸质与电子学科资源的便捷通道,不仅具有密切联系院系的优势,还可以实现对学科资源的快速更新和访问。

③知识共享与数据管理扩展模块

国外高校图书馆的数据管理和分享平台一般有付费和免费两种,其中免费的数据管理和分享平台面向全校师生,而非本机构的其他用户也可以付费查看这些数据。在数据存储内容和格式方面,大部分高校图书馆不仅仅限于论文、学术报告等文本信息,还允许存储图片和视频格式的演讲报告等数据。此外,在提供数据存储功能的同时,国外高校数据管理和分享平台还为用户提供"创建个人页面"等服务。对于付费存储平台,各高校大多是把它作为一个文件备份和存档服务器提供给用户,该类平台对数据存储内容基本无任何限制,但不面向公众公开。

国内多数高校的数据管理平台仅将教师的科研文本数据作为数据管理的重点,且相关数据只面向本机构用户公开。其存储数据类型不够丰富,基本以文本数据为主,一般不接收图片和视频类数据;服务内容较为单一,只提供数据存储和共享服务。国外高校图书馆还面向不同层次的用户设计了"个人主页"和"统计报告"等增值服务,这类创新型服务为高校学科发展和学术研究提供了更好的环境,能更好地提高高校图书馆的服务水平和质量。

第二章　高校图书馆学科资源建设

第一节　国内外高校图书馆学科资源建设发展现状

在学科馆员制度下,学科资源建设是指对某一学科或专业范围内的应用、研究和参考文献进行选择、采集、组织和开发,形成收藏相对完备,可以支持学科教师、科研人员进行一定深度的科学研究、教学辅助,满足该学科专题文献需求的整体保证。

一、国外高校图书馆学科资源建设发展现状

"二战"以前,美国高校图书馆选书工作以院系教师为主导。"二战"以后至 20 世纪 70 年代,美国研究型大学图书馆开始由院系教师主导选书过渡到学科馆员主导选书,由学科馆员负责所对应学科的文献资料选购和馆藏建设,为学科教学与研究发展建立系统的、有特色的学科馆藏。学科馆员在图书馆馆藏发展政策和总体馆藏发展布局的框架下,承担所负责学科的馆藏建设与管理职责。图书馆在每年的购书经费预算中,为每个院系和学科项目都单独设立了经费账号,进行学科资源建设的经费额度分配,学科馆员在经费额度范围内负责学科文献采选和馆藏开发。学科馆员馆藏建设职责主要包括:制订学科馆藏发展政策;了解对应学科的发展状况和文献需求,做出选书决策；与相应书商建立良好合作关系，定期评估书商的服务；管理对应学科的购书经费账号；负责对应学科的资料交换、长期保存等工作；负责对应学科书刊的馆藏布局；开展学科馆藏复选和剔除工作，根据馆藏文献利用情况决定文献是否需要调拨、退到储存书库或进行剔除；推荐、试用、评估和选择所负责学科的电子资源和统计使用情况。

20 世纪 80 年代，美国高校一些大型图书馆开始将馆藏发展（Collection Development）与采访（Acquisition）业务区分开来，馆藏发展和选书决策任务归属学科分馆和总馆公共服务部门，由学科馆员负责；采访业务归属技术服务部门，主要负责订单处理、到书结算等采访事务性工作。

随着信息技术、网络环境、资源类型和读者需求的不断发展与变化，美国高校学科馆员的角色与职责、学科化服务的重心与模式也在不断发展和调整。从 20 世纪 90 年代开始，更加重视学科馆员拓展学科联络和用户服务的职责，学科馆员的职能从最初的馆藏建设，到学科联络，再到近年来强化与专业课程教学紧密合作的用户信息素养教育，学科馆员的职责更加综合化。学科馆员的工作重心开始从传统的学科馆藏建设为主向新的用户服务模式转移，从以资源建设为中心，发展到资源建设与学科服务并重，进而以学科服务促进用户对信息资源的有效利用。

美国高校图书馆学科馆员的职责贯穿对口学科从资源建设到利用的全过程，属于典型的学科资源建设与服务一体化发展模式。在组织管理上，按细分的学科领域设置较多的学科馆员，对分散在学科分馆、馆藏发展部门和参考咨询部门的学科馆员实行分布式管理和职责管理，通过强有力的协调小组统筹协调学科馆员的工作，并安排相关职能部门主管兼职学科馆员或作为某项学科服务的主要责任人。如耶鲁大学图书馆现由 69 位学科馆员承担 144 个学科领域的资源采选工作,设置 6 名协调员协调 10 个总分馆的学科馆员开展学科资源建设与学科服务。

二、国内高校图书馆学科资源建设发展现状

2007 年,清华大学图书馆、上海交通大学图书馆和武汉大学图书馆等一批国内高校学科服务领军馆开始探索推动资源建设学科化的举措,积极尝试学科馆员参与部分文献类型馆藏建设,并选择供需矛盾较突出的外文原版图书采选作为试点,安排学科馆员直接负责对口学科外文图书的选书专家联系和圈选工作,提升外文图书采选质量。

2008 年,厦门大学图书馆建立了"学科采访馆员"制度,打破传统采访部门按文献类型配置采访馆员的做法,依据学科范畴组织文献资源采访工作。当时,厦门大学图书馆的学科馆员由学科采访馆员和学科参考馆员组成,分别负责学科馆藏资源建设和院系联络、学科咨询、学科培训等工作,职责各有侧重,分属于不同部门管理。但是,随着学科服务工作的深入和用户需求水平的提高,这种学科资源建设与学科服务双轨并行发展模式的局限性日益突出。一方面,它不利于培养既通晓学科资源建设又熟悉学科服务的学科专家,造成学科资源建设与学科服务脱轨;另一方面,不同文献类型的学科采访组织差异较大,学科采访馆员工作量不饱和、不协调等问题在一定程度上制约了学科服务工作的深化。2009 年,厦门大学图书馆将属于采访部的学科采访馆员转型为同时负责对口学科资源建设和学科服务的学科馆员,承担学科文献采访、文献调研、院系联络、参考咨询、教学培训、科研支持等任务,以促进学科文献从建设到利用的过程融合、采访文献到选择知识的层次升华,推动学科服务深入有效地

开展。

综观我国高校图书馆学科资源建设的典型案例,存在着一个共同点,即学科资源建设是学科服务的基础,是高校图书馆开展学科服务的前提和保障;传统文献资源建设以文献类型划分模式需向文献资源建设学科化模式转型;学科化是图书馆信息资源建设业务组织的变革方向,学科馆员是实现资源建设学科化的关键角色。

第二节　高校图书馆学科资源建设组织模式

一、高校图书馆传统资源建设模式的缺陷

目前,多数高校图书馆的资源建设组织模式,仍是按文献类型划分的"大采访"或"采编一体"形式。图书馆采访与服务所属不同部门,各自有不同的目标与职责。采访部门重点完成各类型资源的引进,丰富和完善馆藏,一般按文献类型划分图书采访、期刊采访和电子资源采访等岗位,由专职采访馆员负责相应类型的文献采访,在资源选择和经费分配等方面具有决策权。这种模式在过去很长一段时间内都被图书馆认可和采纳。然而随着文献资源的多元化、数字化发展和学科服务的深入,传统文献资源体系建设的缺陷逐渐显现出来。

1. 学科资源圈选效率低、覆盖面窄

对于高校图书馆来说,书目圈选一般通过以下两种方式:一种是采访人员将从书商处获得的书目信息,通过学科馆员等服务部门人员传递给读者,读者圈选后反馈给学科馆员,学科馆员再反馈给采访人员,由采访人员进行查重并决策是否向书商下订单。另一种方式,采访人员直接与院系读者联系,将书目信息传递给读者,读者圈选后再反馈给采访人员,采访人员决策采购。这两种方式都存在弊端:第

一种方式效率低,有关学科资源的任何信息均要通过学科馆员传递给采访人员进行回复,图书订购与否、何时到馆、使用情况如何均未所知,学科馆员仅起到了"传声筒"的作用,不能对读者的问题和需求给予及时的回复,进而影响读者参与学科资源建设的积极性;第二种方式覆盖面窄,采访人员直接联系的往往只是部分读者,这样长期积累的馆藏在专业性上必定会有偏差。

2. 采访馆员知识结构单一

传统的文献资源采购主要是按照文献的载体和语种进行划分,并不按学科划分,即采访人员需要对所有学科的内容进行选择。但是,随着科学研究向不断细化和综合化趋势发展,边缘性分支学科越来越多,知识的跨学科性和综合性越来越强,文献出版量也日渐庞大,采访人员基于所学专业及个人精力和时间的限制,不可能对每个学科、每个专业都能通晓,很难对这些专业文献进行全面的把握和遴选①。因此,在资源选择的过程中就不可避免地出现一些盲目性、随意性和个人的偏向性,导致采访工作出现偏差,从而影响图书馆文献资源建设的质量。

3. 忽视读者需求与使用

美国学者普尔和克特提出的"读者需要理论"认为,选择图书应当以满足读者需求为宗旨。对于高校图书馆来说,了解图书馆自身馆藏,根据学科发展的规划,建设符合高校学科发展要求的特色馆藏,是采访人员重要的职责所在。但在传统采访模式下,采访人员精力有限,他们主要负责接收书目—分发书目—经费分配—决策采购—订单发票—交货验收的全过程,无法走出图书馆调研用户需求

---

① 李大林:《高校图书馆学科馆员参与文献采访工作》,《中华医学图书情报杂志》2010 第 4 期,第 41—43 页。

和使用习惯。可见,传统的文献资源采购模式更多地强调对资源采访过程的控制和管理,忽视了资源采访的最终目的——读者的需求与使用。

二、高校图书馆资源建设学科化的必要性

传统文献资源构建模式凸显的种种问题,迫使图书馆改变目前的文献资源建设架构体系,建立一种更为科学高效的学科资源构建体系。随着学科服务在高校的深入开展,一些高校图书馆开始让学科馆员参与图书馆学科资源建设,以期借助学科馆员的专业优势,提高馆藏学科资源的质量,更大程度地契合用户的文献需求。

1. 学科服务的深入要求建立资源建设新模式

我国现阶段的学科馆员主要扮演着学科"联络员"的角色,以宣传图书馆的资源与服务,反馈用户需求,引导图书馆资源建设与服务模式的转变,处于学科服务的初级阶段。随着学科服务工作的深入开展,学科馆员的工作将以满足用户个性化需求为主,图书馆的服务也逐步向提供个性化信息产品,有针对性地向用户提供咨询指导转变。图书馆原有的资源形态、资源内容已经不能充分满足学科服务的需要。

2. 图书馆资源建设需要学科馆员的参与

传统的文献资源建设主要由采访馆员负责,其单一的知识结构不适应文献载体多元化的发展,导致图书馆的学科资源建设无法满足学校学科发展的需要,然而学科馆员参与到图书馆的资源建设中来,具有先天的优势。首先,学科馆员具有专业背景,又常与院系联络,可以及时了解其需求,从而减少采访的盲目性;其次,学科馆员了解图书馆业务流程,可以提升文献采访和咨询反馈的效率;此外,按学科配置采访人员可以优化学科馆藏结构,能够弥补传统采访模式

下按文献类型配置采访人员所带来的不足。因此,发挥学科馆员的主导作用是推动资源建设学科化、促进学科服务发展的最佳模式。

三、以学科馆员为主导的资源建设学科化组织模式

根据学科馆员在资源建设中的角色表现及参与方式,目前国内高校图书馆资源建设学科化的组织模式可概括为三种类型:①传递式:学科馆员负责学科联络和读者资源需求信息的收集,并将读者需求信息传递到采访部门。学科馆员在资源建设中主要是联络、传递的作用。目前国内多数图书馆属于这一类型。②介入式:除传递院系读者需求外,学科馆员还参与部分类型文献资源的采选工作,有相应部分资源的采选决策权。③主导式:由学科馆员主导对口学科的资源建设工作,全面承担学科资源建设的统筹责任,多数还具体承担资源遴选工作。

资源建设学科化组织模式从传递式到介入式再到主导式的演进和发展,反映了学科馆员参与信息资源建设的发展阶段演进,也是图书馆以"服务为主导"理念重构资源建设模式的具体体现,旨在促使资源建设更好地适应学科化服务的需要,提升学科资源建设质量,强化学科服务能力。

以学科馆员为主导的资源建设学科化组织模式,就是由学科馆员主导对口学科的资源建设工作,全面承担学科资源建设的统筹责任和主要采选任务。学科馆员的具体工作职责是:第一,负责对口学科的各种类型文献信息资源建设的整体规划和馆藏发展政策的制定,不断完善学科资源的布局和发展。第二,与院系师生联系,及时了解对口院系学科建设动态、课程设置,把握师生对文献资源的需求,同时主动关注对口学科的发展趋势,与书商数据库商联系,捕捉资源出版动态,提高资源需求与供应的契合度。第三,在学科资源采

选中承担统筹责任和主要采选任务。适当承担学科期刊、数据库、外文图书的调研、评价和选订工作;按照不同学科特征和学科馆员的岗位职责分别承担中文图书的主要采选、协助采选或订单审核等工作;合作调研评估综合性数据库。第四,对已有学科资源馆藏体系进行深入研究和客观评估,巩固特色馆藏,寻找薄弱环节,并进行针对性补缺、复选和剔除,不断维护和优化馆藏结构。例如针对新课程、新学位点,及时回溯购置相应经典教材、优秀参考书、代表性作品等,及时跟进学科建设的资源保障。第五,负责馆藏学科资源的深入挖掘和整合,负责本学科领域开放获取资源的采集和评估,通过学科资源导航、学科门户等系统平台组织揭示,并通过各种方式宣传、推广,帮助读者高效利用。

学科馆员是学科资源建设的主导者,也是学科服务的实践主体,但是,高效的学科资源建设与服务不是学科馆员单兵作战,而是要依靠各个团队支撑。学科服务团队是承担学科服务的人力保障。

第三节　高校图书馆学科资源建设的实施

一、学科资源的类型

在网络环境下,文献信息资源的数量巨大、种类繁多,分布和传播广泛以及存取和利用方式的多样性、信息传递的速度等都远远超过了传统的信息资源管理方式和技术手段。现代图书馆与传统图书馆相比,其本质的区别在于文献信息的载体形式发生了变化,出现了数字化文献资源。现代文献信息资源已经形成了印刷型文献资源和数字型信息资源并存的格局。在网络环境下,二者各具优势,互存互补,共同发展。

1. 印刷型学科资源

印刷型文献资源是指利用各种印刷机器和手段制作的文献的总称，包括铅印、油印、胶印、石印等各种资料。优点是可直接、方便地阅读。按其性质和外在表现形态，印刷型文献资源可分为图书信息资源、期刊信息资源和特种文献信息资源三大类。

（1）印刷型学科资源的优点

① 保障读者的阅读习惯

图书馆肩负着保障公平与自由的使命，应该能包容读者的各种使用习惯，从这一点上来说印刷型文献具有数字型信息资源不可替代的作用。印刷型文献和数字型信息资源在阅读形式和阅读体验上具有较大的差异，有的读者享受数字化文献的便捷性，而有的读者则更倾向于一杯茶、一本书，慢慢感受将书捧在手中的那种亲切感。从鼓励阅读的角度出发，图书馆应为读者营造不同的阅读体验，满足读者不同的阅读习惯，尽可能地吸引更多的读者到图书馆来阅读。同时，还要倡导"去功利性"的阅读，将读者从仅仅"功利"的查找解决手边问题的资料，转变到进行泛在的阅读，提高自身修养。因此，从保障读者阅读习惯来看，即使在数字时代，印刷型文献也是图书馆不可或缺的资源类型。

② 保存和传承历史文化

图书馆肩负着保存和传承人类文化的使命，印刷型文献具有数字型信息资源无法替代的"收藏"价值。因为很多种类的数字型信息资源是付费才能用，一旦停止付费，则全部都不能使用，从收藏的角度来说较为不利，而印刷型文献一旦购买，只要妥善保存就可以长期收藏。此外，印刷型文献具有数字型信息资源无法替代的其他很多特性，比如书法作品和绘画作品等，载体形态本身就具有较高的收藏价值，是数字型信息资源无法替代的。因此，从保存和传承历史文化使命的角度看,印刷型文献是图书馆不可或缺的资源。

③具有较强的权威性

以印刷型为主的纸质文献经历了上千年的洗礼,已建立起完善发达的编辑、生产、发行系统。在科学评价功能方面,各书刊出版部门都建立健全了学术评审委员会或类似机构来保证出版文献的学术水平。在道德审查功能方面,印刷型文献资源的生产和传播常会受到道德审查和政治审查,生产并传播的文献基本上代表着当时社会的社会道德和政治道德观念,对保护普通社会人群、保护社会伦理和社会道德、保持社会稳定具有积极作用,因而印刷型文献资源传播的信息能够得到多数人的接受并认同。

④不受软、硬件设备约束

读者在使用数字型信息资源时,常常会受到软、硬件设备等因素的限制。如,需具备计算机和网络,读者具有一定的计算机和网络方面的技能和相应的检索知识等。而印刷型文献主要以纸质材料为载体,阅读方便,不受阅读设备、电源的控制。只要是一本在手,不需要借助任何设备,就可在任何时间、任何地点、任何场所阅读,且不受读者计算机操作水平的影响,能够满足大多数读者的需求。

(2)印刷型学科资源的缺点

印刷型文献购置后的存储以及后续工作是很复杂的。一是存储信息量有限、方式单一。纸质资源需要占用很大的空间,不像光盘、优盘等数字资源载体容量大,这就加大了图书馆的投入费用。二是纸质文献容易变质和自然老化,长时间保存不易并且其知识内容的复制需要大量的人力和时间。三是信息检索不便。纸质资源检索一般是利用年终期刊的总目次检索和报刊索引,原文索取需要到相关阅览室查阅。因此与数字型信息资源相比,印刷型文献检索功能较弱,即检索范围小、速度慢、查全率低。四是破坏环境。纸质文献以优质木材为原料,既占用人类的森林资源,又因制作纸张造成的污染破坏人类的生存环境。

2. 数字型学科资源

数字型信息资源是指所有以电子数据的形式把文字、图像、声音、动画等多种形式的信息存储在光、磁等非纸介质载体中,并通过网络通信、计算机或终端等方式再现出来的资源。各种商业化的数据库、机构或个人建立的数据库、各种网络免费资源等都属于数字型信息资源。

(1)数字型学科资源的优点

①类型丰富

从数据的组织形式上看,有数据库、电子期刊、电子图书、网页、多媒体资料等类型。

按存储介质可分为磁介质和光介质两种类型。其中,磁介质包括软盘、硬盘、磁盘阵列、活动硬盘、优盘、磁带等类型,光介质包括CD、DVD、LD等类型。

按数据传播的范围可分为单机、局域网和广域网等方式。单机利用可以是光盘或安装在一台计算机上的数据;局域网内部利用是用户可以在机构内部检索浏览数字资源,但在机构的局域网以外的网络环境中不能访问;广域网方式是指用户可以在任何一个拥有Internet的地方通过一定的身份认证方式或者不需认证就可以访问数字型信息资源。

从资源提供者来看,可分为商业化的数字型信息资源和非商业化的数字型信息资源。前者包括数据库商、出版商和其他机构以商业化方式提供的各种电子资源,如:EBSCO公司的Academic Source Premier、WileyBlack公司的电子期刊、中国期刊网等数据库,图书馆需要支付一定的费用后才能提供给一定的读者群使用,或者读者个人通过读书卡和其他方式购买数据库的使用权。这些数字型信息资源内容丰富、数据量大,是目前图书馆馆藏资源建设中的重要内容。非商业化的数字型信息资源主要指机构自建的特色资源库、开放获取资源、机构典藏和其他免费的网络资源,这些资源由专业文献资源机构自行建设。

②检索方便

数字型信息资源由于其检索与访问优势,深受高校图书馆与读者青睐。首先,数字型信息资源都进行了关键词或主题词标引,并设定了高级检索条件,大大提升了检全率与检准率,检索速度比人工检索要快得多,读者的信息自助能力和信息获取效率大大提高。其次,多个用户可以同时使用数字型信息资源,较少出现用户需要排队使用资源的现象。

③信息储存量大

数字型信息资源具有印刷型文献无可比拟的存储优势,如一张CD-ROM 光盘可存储相当于 30 万汉字的图书 1000 册,这使其可以超越时间空间的限制。读者只要在网络环境下、在授权范围内,就可以随时查询信息资源,足不出户获取异地资源,大大增强了读者获取专业信息资源的广泛性,使读者能够方便快捷地对专业信息资源进行收集、比较、整合,大大提高读者获取专业信息资源的质量,为高水平研究奠定基础。

④交互性强

由于数字信息存储在计算机能够识别的介质上,因此随着计算机软件的更新与性能的日益提高,用户逐渐具有更多的主动性。他们不仅是数字型信息资源的利用者,而且将成为数字型信息资源的开发主体。因为网络信息的发布,采取的是一种自下而上的方式,任何人都可在网上发表见解,读者可以及时与作者、编辑和出版者进行互动式双向交流,这将有助于电子文献及时、便捷、低成本地搜集受众反馈信息,从而提高传播效果。

(2)数字型学科资源的缺点

首先,数字型信息资源必须借助于一定的设备才能将数字信息转化为可读信息,而且要借助屏幕进行阅读,长时间会造成读者眼睛疲劳,造成阅读效果差。其次,数字型信息资源存储时间依赖于其物理存储载体的寿命。如机读磁带、唱片、硬盘驱动器的寿命为 10 年至几十年,其中磁带的寿命约为 15—20 年,即使是最耐用的 CD-ROM,其寿命也不过 30 年。只有不断复制,才能保持已存储信息的稳定性。第三,将印刷型文献资源数字化需要大量的人力、财力和物力,制作成本比印刷型文献高。第四,由于数字型信息资源(其中以国外电子期刊为主)购买的只是使用权,如果停止订购,则可能丢失曾经拥有的专业信息资源。

可见,数字型信息资源在安全性和维护成本方面与纸质文献信息资源相比,也存在着一定的局限性。

3. 二者相互关系

21 世纪将是纸质文献与电子文献互为补充、彼此并存、整体结构逐步调整的世纪。在现行的各种文献载体中,从满足人们不同需求的角度来分析,印刷型文献和数字型信息资源各有利弊,在今后一段相当长的历史阶段里,应该是各种文献载体长期并存互补;从科学技术发展的角度来分析,一种新技术替代一种老技术要经过漫长的历史演变过程;从各种文献载体的自身优势和不可替代性以及人们需求层次的多样性、丰富性来看,人们在选择出版物时不存在排他性,只要能满足其需求即可。因此,印刷型文献与数字型信息资源只能在社会发展的阶段中互为补充来维持自身存在的价值。

目前,数字型信息资源呈现增长强势,但有些只是印刷型纸质出版物的延伸和翻版。印刷型文献在数字化文献的冲击下求得生存与发展。首先,印刷型文献的生产、传播和利用的现代化(如电子排版,计算机检索等)使印刷型文献本身具有更加强大的生命力;其次,印刷型文献出现了一种积极向网络靠拢的动向。不仅大量的名著被搬上了 Internet,各个报刊社也纷纷推出网络版并提供编辑部的电子信箱,开设在线投稿功能,并与著者、读者展开对话。事实上,印刷型文献与数字化文献在展开竞争的同时,也在加速相互的融合,最终实现二者共存共荣。

二、学科资源的评价

学科资源建设的一个必要环节是定期进行馆藏资源的评价,这是不断完善工作、提升工作质量的需要。学科馆员要和其他部门同事合作,积极进行各学科资源的评价,合理使用评价结果,有效促进资源建设。

1. 印刷型资源评价

(1)藏书量

①藏书保障率,即图书馆每一个读者平均占有的藏书量。

②读者满足率,即读者合理的文献需求被满足的程度。"从宏观的角度来看,藏书资源对读者的满足程度应该是越高越好,但是对一个具体的图书馆来说,却不能追求过高的满足率。""一般认为满足率在 75%—85%是比较理想的藏书规模,其余部分,应当通过馆际互借、资源共享来解决。"[①]

③藏书对各学科文献的覆盖率,即馆藏文献占各学科领域(已有)文献的比例。这是衡量图书馆对各学科文献收藏完备程度的重

---

① 肖希明:《信息资源建设》,武汉大学出版社 2008 年版,第 277 页。

要标准。可以借助于缺藏率指标,即某类必备文献的缺藏种数与某类必备文献总种数之比来衡量。

(2)藏书的信息知识含量

一定的藏书量反映了馆藏满足读者需求的潜在能力。但是,对读者需求的满足,主要不是取决于藏书数量,而是取决于一定数量藏书中信息知识的含量。因此,应当把藏书中的信息知识含量作为评价藏书的一项重要内容。而衡量藏书信息知识含量的一种比较可行的评价标准是考察核心书刊的拥有率。核心书刊就是科学信息、知识含量大的书刊。"对馆藏文献利用与流通分布状况的研究表明,25%的藏书提供了流通的75%,50%的藏书提供了流通的90%。这就是说,大多数的读者需求集中在少数核心书刊上。[1]"根据对用户信息需求规律的研究,"用户所需信息按学科领域、载体、语种是集中的,即常用的信息比较集中,然而余下的信息又是分散的,为数不多的少数信息分布很广。[2]"通过测定藏书中核心书刊的占有率,就可以比较客观、准确地评价藏书的信息知识含量。

(3)藏书结构

图书馆藏书量再大,质量再高,但如果缺乏合理的结构,藏书系统的功能也难以发挥。因此,藏书结构状况是进行藏书评价的重要内容。"藏书结构就是藏书体系的构成形式。"[3]它主要由学科结构、等级结构、时间结构、文种结构、文献类型结构等几个方面构成。对图书馆的藏书结构进行评价主要从以下几个方面进行:

①学科结构:统计各学科藏书的比例,分析这些比例是否和本馆

---

[1]　肖希明:《网络环境下的馆藏评价标准》,《中国图书馆学报》2002年第5期,第21—24页。

[2]　胡昌平:《信息服务与用户》,武汉大学出版社2001年版,第180页。

[3]　沈继武、萧希明:《文献资源建设》,武汉大学出版社1991年版,第98页。

读者需求相适应及相适应的程度。对专业性较强的图书馆来说,要考察藏书的学科分布状况是否体现了以专业图书为主的学科结构,是否形成了藏书的专业特色。

②等级结构:根据五级藏书结构理论,考察本馆收藏的各学科、各类型文献是否体现了一定的层次级别,是否符合馆藏建设的政策且这种层次级别是否与读者的需求类型、需求层次相适应。

③文种结构:统计馆藏书刊的文种比例,分析这些比例是否与本馆读者掌握的语种状况相符合,是否和各语种文献的出版量大体相适应。

④时间结构:主要考察新入藏文献的比例状况。因为只有新书占总馆藏的比例达到一定的数值,才能保证藏书的信息知识含量和被利用的活力。关于"新书"的标准,图书馆可参照各学科文献的半衰期,根据本馆的具体情况来确定。

⑤文献类型结构:主要考察图书与期刊的比例、印刷型文献与非印刷型文献的比例,以及它们与读者需求相符合的程度。

(4)藏书利用情况

藏书的目的,归根结底在于利用。藏书只有在不断的流通使用中,才能体现其社会价值。因此,对藏书的评价,必须包含藏书的利用情况。这项评价主要通过读者调查和各种文献流通统计数据来进行。其中,文献流通统计可反映馆藏的实际利用情况。利用率是对馆藏质量、馆藏结构等方面的综合反映。除藏书利用率外,对藏书利用情况的评价还包括文献拒借率、藏书周转率、馆际互借满足率等。这些指标从不同侧面反映了馆藏被利用的程度以及满足读者需求的状况。

①藏书利用率指在统计时间段(一般为一年)内,馆藏中被读者

借阅(利用)的数量占馆藏总数的百分比。[1]

②书刊(藏书)流通率(周转率)指用于公开借阅的书库和阅览室的藏书被读者借阅的数量所占的百分比。[2] 藏书利用率与藏书流通率并无质的区别,只是前者着眼于整体,考察藏书被利用情况,是"以用户为中心"评价观念的体现;后者注重局部,考察藏书被利用状况,是"以馆藏为中心"评价观念的体现。

2. 数字资源评价

与传统图书馆的印刷型资源评价相比,数字资源评价的最大特点是强调资源的联合建设与共享评价。其评价对象包括:(1)通过集团采购或者各馆单独采购引进的国内外文献数据库;(2)通过馆际合作或者各馆单独加工建设的数字资源;(3)资源的共享体系和共享能力;等等。针对上述评价对象,数字资源评价的内容应当包括以下几个方面:

(1)数量和规模评价:是衡量数字资源文献保障能力的基础。数字资源的计量包括对各种类型的资源品种和数量的计量。

(2)内容与质量评价:主要是测评数字资源的学术性、权威性、完整性、时效性等方面。

(3)体系与结构优化评价:目的是衡量数字资源体系结构是否合理,结构的构成成分和各成分所占的比重是否科学合理,是考察资源配置布局是否得当的重要指标。具体包括:

①学科结构:评价数字资源是否与学科专业的设置相适应,与目标读者的专业知识结构是否相适应。是否基本覆盖相关的学科专业,是否发展平衡、比重适当等。

---

① 吴慰慈、刘兹恒:《图书馆藏书——补充、组织、控制与协调》,书目文献出版社 1991 年版,第 218 页。

② 吴慰慈:《图书馆学概论》,书目文献出版社 1985 年版,第 205 页。

②类型结构:评价数字资源是否包括各种类型的电子出版物,各种资源类型的比重如何等。

③级别结构:评价数字资源是否既有研究级的资源又有大学基础级的资源,既有典藏级的资源又有以获利为目的的服务级的资源。应当注意保持各个级别资源的平衡以及保障资源的可持续发展。

④文种结构:除中文资源外,还应该包括外文资源,尤其是英文资源。

⑤媒介结构:数字资源的媒介包括光盘、磁带、网络远程访问等。

⑥来源结构:评价是否有引进的商业数字资源,又有自建的特色资源,还有开放存取的免费的因特网资源。购买的商业资源应当是数字资源的主要部分和投入的重点。自建资源是图书馆的特色数字资源。免费开放资源则是经过专业人员选择评价,对互联网免费资源进行组织,方便读者利用的资源,如学科导航等。

(4)数字资源获取与信息组织能力评价:通过信息的有效组织、揭示和技术服务,可以提高资源的易用性和可获取性,达到资源的有效利用。比如资源的检索系统、检索功能、检索技术是否先进并且易用,数据库商、出版商是否提供有效的技术服务,图书馆是否提供统一检索平台,是否能实现二次文献和一次文献、参考文献和原文的链接和调度功能,与传统印刷型资源的整合状况以及与馆际互借等服务的整合状况如何。评价自建资源还要考察数据是否达到规范化和实现标准化,是否有科学有效的信息描述与数据处理方法。

(5)可持续发展能力评价:数字资源不同于传统印刷型资源,其最大特点是数字资源以虚拟的形式存在,而非实体资源。很多商业出版的数字资源一般只提供使用权、租用权而没有拥有权。因此对用户来说,如何保障数字资源的可持续发展是越来越值得关注的问题。首先,要考虑引进资源的持久可使用性,特别考虑重要学术资源的保障问题,通过一定的方式,比如与出版商谈判提供用户存档、国家存档或联盟存档来保障资源的长期发展和拥有;其次,评价数字资源是否能够永久使用,数据库商是否提供用户对已购买的数据拥有永久使用的权利,永久使用的方式是否合法、合理、有效;最后,评价数字资源是否存档,数据库商是否提供用户对已购买的数据拥有存档的权利,以及存档的方式是否合法、合理、有效。

(6)效益评价:指对资源的投入和产出效益进行评价,在引进数字资源或自建特色数据库时,这个指标往往是决定是否订购、投建或进行调整的关键性指标。具体包括:

①资源的经费投入,如购置、自建数字资源的费用,数字资源经费投入所占比例、费用年增加变化情况等。

②资源的使用情况,是评价资源质量的重要依据。使用情况的评价可以是出版商提供的统计报告,也可以通过对用户进行调查来获取信息。

③资源的成本核算,通过费用和使用情况的分析,可以计算出数字资源的单位成本,比如:每次检索的费用,或每下载一篇全文的费用是多少。

④资源的文献保障率,考察资源是否满足最终用户的需要以及满足的程度如何。

(7)资源共享能力评价:包括资源共享评价和服务共享评价。资源共享评价主要指对联合目录、集团采购、联合教学参考书数据库、合作学科导航等项目给各成员馆所带来的服务效益和经济效益的评价。服务共享评价是指通过馆际互借和原文传递等服务共享数字资源的情况,资源整合情况和其他增值服务的情况。

三、学科资源建设的原则

学科资源建设是一项长期的系统工程，我们在学科资源建设的过程中一定要遵循以下原则。

1. 计划性实用性原则

图书馆的学科资源建设要与学校学科建设相统一，密切结合图书馆的职能定位、经费额度、信息资源现状等实际情况，着眼于学科资源整体布局，从用户的实际需求出发，以用户为中心，以需求为导向，基于用户的特定需求开展学科资源建设。

2. 系统性完整性原则

学科资源建设过程中要注意文献信息资源的系统完整。应该系统、全面、持续地从国内外各种渠道，广泛采集和长期积累各种资源，特别是本馆重点自建的特色资源的搜集、补充及更新。多收集数据库使用的反馈信息，及时对数据库内容进行替换、删除、修改和整理，确定合理的更新周期，保证资源体系的连贯、完整和更新。此外，还需从整体出发，以整体的观念开展学科资源建设，注重各学科领域不同类型、载体、来源的资源之间的相互联系，实现资源建设最优化。

3. 共建共享原则

学科资源建设是文献资源保障系统建设中的重要内容，在用户信息需求不断增长及网络数字资源迅猛发展的形势下，要满足用户的信息需求，扩大自身生存空间，必须走共建共享的道路。馆际协作建设学科特色资源，应加强沟通与合作，遵循统筹规划、联合开发、共同建设的原则，在资源、技术上互通有无，共建共享；在人力、物力上能者多劳，各尽所长。通过馆际协作建设学科特色资源，可以避免重复建设或留下空白学科，使每一学科的建设达到更加理想和完备的程度，进而促进资源共享的实现。

4. 标准化规范化原则

标准化是指元数据格式的标准化、描述语言和数据交互接口的标准化等。标准化直接影响到信息资源库的建设质量和服务效果。遵循统一的规范和标准,才能实现用户与系统、系统与系统之间的有效对接和数据交互,实现信息的规范描述、有序管理、无障碍交换和充分共享。规范化则要求采用标准的技术和评价手段,规范地对信息资源进行采集、加工、聚合、整理、保存与管理,最终形成规范化的信息资源体系。因此,为了实现资源有效共享,各承建单位在项目建设中必须遵循标准化与规范化原则,采用具有规范化的特色库搭建模式和标准化的数据格式、库结构及检索算法,确保数字化产品的标准化和规范化,从而为共建共享创造条件。如数据加工处理采用的各种国际、国内标准;再如统一的数据格式、馆际互借协议等;还有全国特色数据库系统建设使用的统一标准和规范,如数字化加工标准、数据交换标准、元数据标准等以确保信息资源共享。

5. 学科化特色化原则

汇聚各类信息资源,要突出学科特色和地方特色。学科特色,指学科资源与重点学科(或交叉学科、前沿学科)或特定专题相关,足以体现其学科特色乃至教育特色;地方特色,指学科资源具有所处地域的历史和人文特色,抑或是与地方政治、经济建设和文化发展密切相关。充分发挥各学科领域的特色优势及其地位与影响,注重汇聚、整合、关联、打通本领域专业信息资源,强化学科特色资源建设与学科知识服务应用,为用户提供特色服务。

6. 安全性可靠性原则

图书馆在建设学科数字资源时,要对大量的数字资源进行加工、存储、传递和管理,并利用网络对众多的终端用户提供各种信息服务,因此系统的安全性十分重要。所以在建设过程中既要选择技术成熟、性能安全可靠的信息存储设备，又要采用先进的网络管理系统，确保网络系统的安全性和数据的可靠性。

四、学科资源建设的内容

1. 印刷型学科资源建设内容

在学科资源建设过程中，各类型印刷型文献的建设是重中之重的工作。印刷型文献资源以内容新颖、信息量大、专业性强、报道快等特点成为信息传播的重要手段和方式，因而印刷型文献是现代图书馆利用次数最多的一种文献资源。目前，我国的各类型印刷型文献绝大部分是实用性、技术性较高的专业性文献，针对性、指导性都较强。无论专业文献还是综合性学术印刷型文献都刊载有论著、专家论坛、学科新进展、讲座、综述等反映实用性、技术性、新颖性的文章，完全能够满足我国各类不同层次、不同专业人员信息的需求。

(1)依据专业特色，收藏基础文献资源

高校图书馆应以专业特色为依据，以原始收藏为基础，注意收藏各个学科领域的中外文图书、报纸杂志等有关的出版物和学术文献，以及一些特色文献，如博士、硕士论文等，不断补充国内外相关学科的最新书籍、刊物，保持重要文献和特色资源的完整性。高校图书馆有明确的教育性、专业性和学术性，还需结合本馆的资源设置、地区经济和发展目标等特点，通过纸质文献、馆际互借，逐步建立具有特色的馆藏资源体系，使馆藏信息资源配置合理化、数量最大化、质量最优化和利用高效化，从而满足读者对特定知识的需求或实现某些特定的目标。

(2)传承历史文化，保存传统特色资源

传统特色资源是图书馆在传承人类历史文明和传播文化过程中沉淀下来的文化精髓，它能清晰地反映出本地区的历史渊源、文化特色和风土民情,收藏、开发和利用这些文献资料传播历史文化知识具有非常重要的历史意义和研究价值。这些文献具体包括地方报刊、重要文件、地方史志、地方统计年鉴、大事记、地方人著述的文献及其研究作品等。

从地域性角度看,地方文献和地域特色文献作为图书馆重要的馆藏资源之一,是任何其他地区都无法比拟的一大特色。充分开发和利用地方特色文献,不仅可以为涉及地方风土人情、历史沿革等相关研究提供宝贵而丰富的资源,还可以为开发地方旅游业、发展地方经济提供信息支持。因此,地方特色文献的开发越来越受到图书馆的重视,逐渐成为特色化馆藏建设中的一大亮点。

从历史和文化保护价值上看,印刷型文献经历了漫长的发展历程,其中不乏国家珍贵的文化遗产.具有特殊的学术价值、历史价值、经济价值和法律价值,需要长久保存,也要求永久存在,而不能仅将其内容数字化变成数字型文献。

(3)提升艺术造诣,建设艺术文献资源

人类创造了历史,创造了艺术,在漫长的历史长河中,人类创作出的艺术精品五彩缤纷,美不胜收,独具风格,各有特色,具有不朽的魅力。这些艺术作品作为精神创造的载体,记录了人们在特定年代中艺术创作的面貌,体现了艺术家对文化传统的继承、发展和创造。但是由于艺术作品的特殊性,不能全部演化成数字化资源。例如书法、绘画等作品,只有通过纸质印刷文献才能充分地反映出各派的风格,让欣赏者更好地领会到创作者的构思和造诣,这些都是其他文献资料不可替代的。

2. 数字型学科资源建设内容

21世纪的图书馆是数字图书馆与传统图书馆、虚拟图书馆与实体图书馆、网上图书馆与物理图书馆的结合,是集传统图书馆与数字图书馆之优点的混合性图书馆,它将两种形态共存互补,构建出当代图书馆生存与发展的基本形态。图书馆的文献资源特别是学科资源建设必须围绕本地区突出优势或本校重点学科、专业的设置和教学、科研的发展方向,构建与之相适应的馆藏体系,为地区或学校的教学科研工作提供必要的文献资源保障。

(1)自建特色资源库

各高校图书馆应根据本馆实际,面向未来进行科学合理的规划,既要以实体馆藏资源建设为基础,又要以整合、开发和利用网上虚拟资源为补充,更要走信息资源共建共享之路。

各图书馆由于学科建设侧重点不同,所处地域不同,对学科资源的建设也不一样。各图书馆为了满足教学与科研人员在教学和科研工作中的需要,通过收集、分析、评价、处理、储存具有学科特色的文献资源,并按照一定标准和规范进行数字化,建立具有本校学科特色的数据库。

(2)引进商业数据库

目前,自建学科资源数据库需要花费很大的人力、物力和财力,对资源的开发与利用还存在很大的盲目性,重复建设的现象比较普遍,更新速度比较慢,采集到的相关信息不够全面和完整,开发整理的范围也不够宽。对此,图书馆应当有选择、有计划地引进高质量的中文与外文数据库,使之尽量做到中外文书目、文摘等二次文献数据库覆盖本校所有学科与专业,力求全部购买与重点学科专业相关的数据库并兼顾其他专业。

(3)建立学科导航系统

学科导航作为一种深层次的网络学术资源组织模式,旨在为用户提供一个通过质量控制的信息环境,方便用户对本学科网络学术资源的利用。学科导航系统是以学科为单元对 Internet 上的相关学术资源进行搜集、评价、分类、组织和有序化整理,并对其进行简要的内容揭示,建立分类目录式资源组织体系、动态链接、学科资源数据库和检索平台,发布于网上,为用户提供网络学科信息资源导引和检索线索的导航系统。建立学科导航系统,是高校图书馆在网络环境下为学校教学、科研服务的新举措,特别对重点学科的建设和发展具有重要意义,它为传统的信息服务方式注入了新的生命和活力,也极大地丰富了图书馆现有馆藏资源,特别受学科用户的青睐。

五、学科资源建设的实施

1. 确定学科资源建设政策

高校图书馆在开展学科资源建设前,应先确定全馆的资源建设政策,包括图书馆的目标定位、经费情况、复本规定、载体类型、赠书处理、馆际合作与共享,电子资源政策、音视频等非书资料、馆藏剔除和馆藏评估等若干方面。该政策主要由馆长、采访部门负责,图书馆工作委员会委员参与制定。在总的资源建设政策的指导下,再由采访部门、学科馆员共同制定各学科资源建设政策,内容包括学科资源的保障级别、经费配置、复本以及其他在总政策中没有反映的该学科特殊政策。学科资源建设政策的制定与修改要全馆统筹,还要与院系沟通,广泛征求意见,形成学科资源建设的指导性政策文档,并且定期优化和评估。在经费有限的情况下,要格外关注本校重点学科发展的方向以及有重点需求的学科,逐步形成本馆的特色优势馆藏。

2. 做好前期调研与分析

前期调研与分析包括该学科发展调研与分析、该学科读者需求现状调研与分析及该学科馆藏资源现状调研与分析等①。其中，学科发展调研与分析是指明确本校相关各学科的发展历史与现状，以及在学校未来发展的学科定位、专业方向及特点，新增的学位点，了解所有专业的主要课程及培养方案，有无指定教材与教参信息等等。学科读者需求现状调研与分析包括读者现有资源保障方式的调研，比如自购、是否有院系所属资料室及其资源与利用情况，利用馆际文献传递状况；该学科读者群的偏好分析，是否习惯或依赖电子或印刷型资源，对期刊、工具书、视频资源、特种文献等的需求特点。学科馆藏资源调研与分析是指全面调研该学科各种类型资源，包括电子图书、电子期刊及纸本期刊，磁带、光盘等，中外文比例，做到"家底薄厚，心中有数"，各种载体、类型按照学科结构统筹考虑，做到了解本地区乃至全国该学科文献资源的布局情况，保持资源共建共享和协调发展的意识，了解本学科领域的开放获取、灰色文献等非传统出版资源的状况，数据不仅包括现有种数、特色、大致比例，还应有流通统计、浏览下载情况，初步对现有资源做评估，以期为下一步工作提供参考。

3. 确定学科文献核心出版社

面对当前国内出版业良莠不齐的局面，确定各学科的学科文献核心出版社，对于学科资源建设具有积极的意义。"核心出版社"是指在某一学科领域图书出版中起主要作用的出版社，其出版的图书量大、质量高，有较高的利用率和较大的读者影响力；并能较好地把握学科发展状况，及时编辑出版反映本学科最新研究成果及前沿研究状况和发展趋势的图书。目前我国普遍都是以出版物数量作为考

---

① 唐文惠、潘彤声：《高校图书馆文献资源建设与评价》，武汉大学出版社2009年版，第61页。

察"核心出版社"的标准,而忽视了图书的学术性和利用率。高校图书馆在确定各学科文献核心出版社时,应该着重考虑两个方面:第一,图书的学术性。核心出版社出版的图书应反映当前某学科的最新研究成果,对本学科有较大影响和推动力,具有较高的学术性,能最大限度满足科研和教学的需求。第二,具有较高的利用率。利用率是图书采购中的重要指标,是图书供给与需求差距的有效反映。核心出版社的图书应该具有较高的借阅率,能满足大多数用户的需求,应该属于"关键的少数"。

4. 建立科学合理的采访模式

每一个高校都是一个众多学科及从事这些学科教学与科研的集合体,高校图书馆采访人员不可能对学校每个学科的研究领域、学科背景、未来发展趋势都有很深的了解。但是,院系教师包括图书馆聘请的图情教授或教师顾问,因为工作繁忙也不能保证持续、稳定地关注和协助图书馆的学科资源建设。在制定学科资源建设之初和评估时,图书馆还可以征求其意见,而在资源采选的日常工作中,就主要依靠采访人员来实施,间或在疑难时咨询学科专家的意见。因此,调动广大师生的积极性,发挥其荐购作用,也成为高校图书馆学科资源建设简捷而实用的途径。在荐购过程中,采访人员需要注意在维护荐购者参与热情的前提下,还要具体把关荐购资源是否符合本校学科资源建设政策的采选范围。按照馆藏建设的"价值论",资源建设既要来源于读者需求,也要高于读者需求,才可以发挥应有的传承文明、文化教育、科学引导、推动创新的功能。同时,根据馆藏建设的"需求论",图书馆资源建设总体是要购买能为多数读者利用的资源,才能取得效益的最大化,而不可能完全满足所有读者的个性需求。总之,高校图书馆的学科资源建设应坚持主动收藏高质量专业文献资源为主与读者荐购为辅的采购模式,坚持原则性与灵活性相结合的采购原则,逐步提高馆藏质量,满足读者需求。

5. 培养高素质人才队伍

人才是保证学科资源建设的关键。面对新技术的应用,我们要坚持以人为本,把培养人才、建设队伍、提高人的素质放在第一位。学科资源建设的过程也是一个锻炼人才、培养人才的过程。目前,国内高校图书馆中除了少数馆将学科馆员设在采访部门外,大多数馆将学科馆员设在参考咨询一线服务部门,因此学科馆员在参考咨询、用户教育方面已有常规的工作内容和丰富经验,而在资源采选上则缺乏足够的知识,虽然之前学科馆员曾参与部分电子资源的试用、评估和推广等,但电子资源多是以数据库、系统为单位采购,不涉及文献按品种逐一的选择评估,工作方法大不相同。因此,在学科馆员开展学科文献资源选购工作之前,要接受培训和引导,培训主要内容包括学校文献建设规划、图书馆资源建设经费配置、馆藏结构特色、选书方法、选书工具、工作流程等。此外,还要加强对计算机技术、信息开发技术、网络技术等方面内容的培训和学习,不断提高信息处理和使用技能,使数据库建设和维护人员尽快成为数字资源加工与管理、系统开发与维护、知识产权使用与保护以及特色数据库组织运营与管理等方面的专业人才。

6. 注重知识揭示和推送

有了优质的学科资源,还需要配套的服务使之高效地传播到用户。图书馆要组织学科资源导航(指南)、学科资源门户等系统平台,使读者可以自主、便捷地利用这些资源,同时还要注重大力宣传和推介学科资源。针对各院系举办专题培训、推进融入专业课程的信息素质教育是推广专业资源十分有效的办法。同时,图书馆还可以利用web2.0的相关技术与理念,广泛吸引用户参与评级、推荐等,将用户之间的共享和交流与资源发现和评价相结合,为资源找到用户,为用户找到资源。

特别是随着电子资源比重的日益加大,图书馆对于电子资源多是整库购买,内容涉及各个学科领域,此时作为学科馆员,除采选学科资源之外,还应该深入分析综合型资源中各学科资源内容所占比例、范围、学术水平等分布,负责其内容的评估、挖掘,甚至结合读者需求做深入分析和研究,向读者推送、导读,发挥学科馆员的传统优势,做好沟通图书馆专业资源与专业读者的桥梁工作。

第三章　优势专业背景下的学科服务定位

第一节　普通高校图书馆规程解析

一、总则

1. 为促进高等学校图书馆的建设和发展,指导和规范高等学校图书馆工作,依据《中华人民共和国教育法》《中华人民共和国高等教育法》及相关规定,制定本规程。

2. 高等学校图书馆(以下简称"图书馆")是学校的文献信息资源中心,是为人才培养和科学研究服务的学术性机构,是学校信息化建设的重要组成部分,是校园文化和社会文化建设的重要基地。图书馆的建设和发展应与学校的建设和发展相适应,其水平是学校总体水平的重要标志。

3. 图书馆的主要职能是教育职能和信息服务职能。图书馆应充分发挥在学校人才培养、科学研究、社会服务和文化传承创新中的作用。

4. 图书馆的主要任务。

(1)建设全校的文献信息资源体系,为教学、科研和学科建设提供文献信息保障;

（2）建立健全全校的文献信息服务体系，方便全校师生获取各类信息；

（3）不断拓展和深化服务，积极参与学校人才培养、信息化建设和校园文化建设；

（4）积极参与各种资源共建共享，发挥信息资源优势和专业服务优势，为社会服务。

2015版《规程》第一章"总则"第二条对高校图书馆的性质作用做了补充，将高校图书馆定位为人才培养的学术机构，是"校园文化和社会文化建设"的重要基地，将弘扬文化、传播文明作为图书馆的重要任务，强调了图书馆的重要地位，内涵也更加丰富。第三条明确了"教育职能和信息服务职能"是图书馆的主要职能，应该继续遵照执行，并与时俱进地提出了充分发挥图书馆"人才培养、科学研究、社会服务和文化传承创新"的作用。第四条对图书馆的主要任务内容的描述与2002版有较大不同，体现了新形势下的时代特征，突出了人才培养、文化建设、社会服务这几方面内容，参与各种资源的共建共享，发挥各高校信息资源和专业优势，并创新性地开拓与社会各界的合作，达到更多更好地为社会服务的目的。

二、工作人员

1. 图书馆工作人员应恪守职业道德，遵守行业规范，认真履行岗位职责。

2. 图书馆设馆长1名、副馆长若干名。

图书馆馆长应设置为专业技术岗位，原则上应由具有高级专业技术职务者担任，并应保持适当的稳定性。

馆长主持全馆工作，组织制订和贯彻实施图书馆发展规划、规章制度、工作计划、队伍建设方案及经费预算。副馆长协助馆长负责或分管相应工作。

3. 高等学校应根据发展目标、师生规模和图书馆的工作任务，确定图书馆工作人员编制。

图书馆馆员包括专业馆员和辅助馆员，专业馆员的数量应不低于馆员总数的 50%。专业馆员一般应具有硕士研究生及以上层次学历或高级专业技术职务，并经过图书馆学专业教育或系统培训。辅助馆员一般应具有高等教育专科及以上层次学历，具体聘用条件根据工作岗位的要求和学校的人事管理制度确定。

4. 高等学校新聘用图书馆工作人员，按照规定应当面向社会公开招聘的，按照规定执行。

图书馆工作人员按照国家有关规定，实行专业技术职务聘任制和岗位聘任制，享受相应待遇。

5. 高等学校应将图书馆专业馆员培养纳入学校的人才培养计划，重视培养高层次的专家和学术带头人。鼓励图书馆工作人员通过在职学习和进修，提高知识水平和业务技能。

6. 高等学校对于在图书馆从事特种工作的人员，按国家规定给予相应的劳保待遇。

7. 高等学校应根据图书馆工作特点，制定考核办法，定期对工作人员进行考核，考核结果作为调整工作人员岗位、工资以及续订聘用合同等依据。

2015 版《规程》第三章"工作人员"指出了图书馆馆长应具有图书情报专业的高级职称，并应考虑图书馆事业发展的延续性，且保持适当的稳定性。同时，对图书馆馆员提出了较高的要求，专业馆员应占总人数的一半以上，且应具有硕士以上学历或高级专业技术职称，辅助馆员应具备专科以上学历。强调了高校工作人员要按规定面向社会公开招聘，要有相应的考核制度，根据考核结果调整岗位、续签合同等。图书馆应根据发展需求、工作需要建设职称结构和学科结构合理的馆员队伍，以顺应时代的发展需求，有效开展多元化、深层次、高质量的服务工作。

三、文献信息资源建设

1. 图书馆应根据学校人才培养、科学研究和学科建设的需要，以及馆藏基础和资源共建共享的要求，制订文献信息资源发展规划和实施方案。

2. 图书馆在文献信息资源建设中应统筹纸质资源、数字资源和其他载体资源，保持重要文献、特色资源的完整性与连续性，注重收藏本校以及与本校有关的各类型载体的教学、科研资料与成果；寻访和接受社会捐赠，形成具有本校特色的文献信息资源体系。

3. 图书馆应积极参与国内外文献信息资源建设的馆际协作，实现资源共建共享。

4. 图书馆应根据国家和行业的相关标准规范，对采集的信息资源进行科学的加工整序，建立完善的信息检索系统。

5. 图书馆应合理组织馆藏纸质资源，便于用户获取和利用；应加强文献保护与修复，保证文献资源的长期使用。

6. 图书馆应注重建设数字信息资源管理和服务系统，参与校园信息化建设和学校学术资源的数字化工作，建立数字信息资源的长期保存机制，保障信息安全。

2015版《规程》第五章"文献信息资源建设"将原来的"兼顾"改为了"统筹"，"电子文献"改为了"数字资源"，提出信息资源的建设要符合时代特征和用户阅读习惯的变化，要有计划地做科学合理的筹划。文献信息资源建设不仅是纸质文献、电子文献、数据库的采购，还应有网页、多媒体资料等类型资源的收集和组织。还要求收集本校和与本校有关的信息内容,要求主动出访寻找相关信息资源,接受社会各界捐赠,丰富文献信息资源内容,建设具有各高校特色的文献信息资源体系。此外,该章节还提出了不仅要参与国内馆际协作,还要积极参与国外的馆际协作交流,真正实现资源共建共享,要建立完善的信息检索系统,并做好信息的保存和保障信息安全工作。第五章对图书馆的管理和信息组织能力提出了更高的要求,明确提出图书馆要参与校园的信息化建设和学术资源的数字化工作,尽可能地为用户利用资源提供一切方便,提高管理服务水平,提升学校教学质量,促进科学研究和教学改革。

四、服务

1. 图书馆应坚持以人为本的服务理念,保护用户合法、平等地利用图书馆的权利,健全服务体系,创新服务模式,提高服务效益和用户满意度。

2. 图书馆在学校教学时间内开馆每周应不低于 90 小时,假期也应有必要的开放时间,有条件的学校可以根据实际需要全天开放;网上资源的服务应做到全天 24 小时开放。

3. 图书馆应不断提高文献服务水平,采用现代化技术改进服务方式,优化服务空间,注重用户体验,提高馆藏利用率和服务效率。

图书馆应积极拓展信息服务领域,提供数字信息服务,嵌入教学和科研过程,开展学科化服务,根据需求积极探索开展新服务。

4. 图书馆应全面参与学校人才培养工作,充分发挥第二课堂的作用,采取多种形式提高学生综合素质。

图书馆应重视开展信息素质教育,采用现代教育技术,加强信息素质课程体系建设,完善和创新新生培训、专题讲座的形式和内容。

5. 图书馆应积极参与校园文化建设,积极采用新媒体,开展阅读推广等文化活动。

6. 图书馆应制定相关规章制度,引导用户遵守法律法规和公共道德,尊重和保护知识产权,爱护馆藏文献及设施设备,维护网络信息安全。

7. 图书馆应为学生提供社会实践的条件,设置学生参与图书馆管理与服务的岗位,支持与图书馆有关的学生社团和志愿者的活动。

8. 图书馆应通过加强无障碍环境建设等,为残障人士等特殊用户利用图书馆提供便利。

9. 图书馆应加强各馆之间以及与其他类型图书馆之间的协作,开展馆际互借和文献传递、联合参考咨询等共享服务。

10. 图书馆应在保证校内服务和正常工作秩序的前提下,发挥资源和专业服务的优势,开展面向社会用户的服务。

2015版《规程》第六章"服务"(2002版《规程》为第四章读者服务),在章节顺序上做了调整,章节名称中去掉了"读者"二字,这就意味着图书馆服务不仅仅指读者服务,而是强调图书馆的多方位服务,包括人才培养、教学研究、社会团体等。该章节明确了"以人为本"的服务理念,对图书馆的服务工作提出了新的更高的要求:图书馆在服务中要创新模式、改进方式、拓展领域,提供数字信息服务,嵌入教学和科研过程,开展学科化服务。再次提出要参与学校人才培养、校园文化建设工作,加强信息素质教育,提升用户体验度和满意度,提高服务效益。

随着我国经济和教育事业的发展,图书馆工作发生了较大变革,在网络信息和大数据时代的冲击下,高校图书馆的职能及运行方式也发生了前所未有的变化。2015版《普通高校图书馆规程》的出台,是满足高校图书馆事业的建设发展之需,是适应高等教育改革创新之需,也为未来图书馆事业的发展指明了方向。

第二节　高职院校优势专业建设背景

一、高等职业教育迎来新的发展契机

发展职业教育不仅有利于推动社会现代化和经济产业化,也有利于提升国家的竞争力和整体实力。占据中国高等教育半壁江山的高等职业教育,为实现高等教育大众化发挥了基础性和决定性作用,对社会稳定、经济繁荣、民族团结、国家发展起着重要作用。自改革开放以来,中共中央、国务院以及教育行政部门都非常重视职业教育的发展,明确提出了大力发展职业教育的决定,确立了一系列重大战略部署。党的十八大以来,职业教育与继续教育战线认真落实中央决策部署,建成了世界上规模最大的职业教育体系,形成了中国特色现代职业教育体系的基本框架,服务了区域经济发展,彰显了职业教育促进社会公平作用,扩大了职业教育国际影响力,职业教育"站在了新的历史起点上"。

2014 年 5 月《国务院关于加快发展现代职业教育的决定》明确了加快发展现代职业教育的指导思想、基本原则、目标任务和政策措施,提出了"结构规模更加合理""院校布局和专业设置更加适应经济社会需求""职业院校办学水平普遍提高"和"发展环境更加优化"的发展目标任务,要"建成一批世界一流的职业院校和骨干专业,形成具有国际竞争力的人才培养高地"。

2014 年 6 月,教育部等六部委组织编制的《现代职业教育体系建设规划(2014—2020 年)》提出,改革开放以来,我国职业教育改革发展取得了巨大成就,中高等职业教育快速发展,职业院校基础能力显著提高,产教结合、校企合作不断深入,行业企业参与不断加强,中高职衔接呈现良好势头。要以邓小平理论、"三个代表"重要思想、科

学发展观为指导,按照"五位一体"社会主义现代化建设总体布局和加快经济发展方式转变的总体要求,坚持以立德树人为根本,以服务发展为宗旨,以促进就业为导向,深化体制机制改革,统筹发挥好政府和市场的作用,系统设计现代职业教育的体系框架、结构布局和运行机制,推动教育制度创新和结构调整,培养数以亿计的工程师、高级技工和高素质职业人才,传承技术技能,促进就业创业,为建设人力资源强国和创新型国家提供人才支撑。《建设规划》明确目标:"牢固确立职业教育在国家人才培养体系中的重要位置,到 2020 年,形成适应发展需求、产教深度融合、中职高职衔接、职业教育与普通教育相互沟通,体现终身教育理念,具有中国特色、世界水平的现代职业教育体系,建立人才培养立交桥,形成合理教育结构,推动现代教育体系基本建立、教育现代化基本实现。"

2015 年 10 月,教育部印发《高等职业教育创新发展行动计划(2015—2018 年)》,从创新发展的新视野,更加强调发展质量,更加强调质量保障,把完善质量保障机制作为创新发展的一项主要任务与举措,并对管办评分离后如何做好高等职业院校内部教育教学的自主检查保障,提出了建立诊断改进机制的要求,高职的发展进入一个"综合改革"的新阶段。《创新发展行动计划》坚持问题导向,直面发展难题,以提升高等职业教育发展质量为主线,按照综合改革的要求谋篇布局,规划设计了一系列政策制度和任务项目。将现代职业教育体系理念贯穿始终,以指导推动专科层次高等职业教育创新发展作为主要任务,兼顾应用技术类型本科和专业学位研究生教育改革;涵盖了高等职业院校培养技术技能人才、服务企业技术研发和产品升级、服务社区教育和终身学习三大功能;囊括了高职的教育教学改革、办学模式改革和院校治理能力提升。《行动计划》全面综合了教育部对高等职业教育发展的各方面要求,将进一步优化高职教育培养结构,加快完善高职发展机制,保证提升发展质量,实际提高高职服务国家发展战略能力。鼓励支持地方建设一批办学定位准确、专业特色鲜明、社会服务能力强、综合办学水平领先、与地方经济社会发展需要契合度高、行业优势突出的优质专科高等职业院校,优质高职院校建设是对国家示范性高职院校建设成果的深化、转化和固化,是进一步加强内涵建设、提升办学水平、丰富优质教育资源的重要举措。这是对优质高职院校建设内涵的权威解释,也标志着优质高职院校建设新征程的开始。

2017年10月,党的十九大报告对当前我国社会发展的主要矛盾进行了新的界定,对职业教育的改革和发展提出了新的要求。我国社会的基本矛盾已经发生了新的变化,人民群众从生存需求走向了发展需求。教育要从普及走向更高质量、更加公平,要加快现代化进程,实现教育强国。从教育救国到教育强国,体现了不同历史时期教育对于我国社会发展的责任和担当。十九大报告在"提高民生水平"这一目标中首先谈到教育:"建设教育强国是中华民族伟大复兴的基础工程","必须把教育事业放在优先位置","加快教育现代化","办好人民满意的教育","建设知识型、技能型、创新型劳动者大军,弘扬劳模精神和工匠精神,营造劳动光荣的社会风尚和精益求精的敬业风气","办好继续教育,加快建设学习型社会,大力提高国民素质"。这些精神,强调了教育在社会发展战略中的地位,明确了教育的根本任务,设计了教育发展的主线,设立了教育发展的宗旨和评价标准,是国家对未来职业教育和继续教育发展的战略方针。

2017年12月召开的全国职业教育与继续教育工作推进会,是十九大会议之后,职业教育领域的一次高级别会议。围绕全面深入学习领会党的十九大精神和习近平教育思想对职业教育与继续教育提出的新要求,会议分析了当前和今后一个时期职业教育与继续教育领域发展面临的新形势、新任务,交流研讨了办好新时代职业教育与继续教育的新思路、新举措。要求:办好新时代中国特色职业教育和继续教育,要以习近平新时代中国特色社会主义思想特别是习近平教育思想为指导,做强中职、做优高职、做大培训、做好职业启蒙、规范和创新继续教育。会议强调,要突出服务大局,打造中国特色高水平职业院校和专业,形成人才培养高地。要突出脱贫攻坚,实施好职业教育东西协作行动计划。要突出质量核心,进一步深化产教融合、校企合作。要突出扩大开放,以更加自信的姿态迈向世界舞台中心。要突出问题导向,启动新一轮试点试验,形成中央决策部署与地方实践探索上下联动的工作格局。要突出协调发展,注重补齐继续教育短板,建设学习型社会。

2018 年 2 月,教育部职业教育与成人教育司发布《职业教育与继续教育 2018 年工作要点》指出,要把发展职业教育与继续教育的思想和举措统一到中央决策部署上来,要求:深入学习贯彻习近平新时代中国特色社会主义思想和党的十九大精神,围绕统筹推进"五位一体"总体布局和协调推进"四个全面"战略布局,全面贯彻党的教育方针。在打好职业教育提质升级攻坚战的基础上,按照高质量发展的要求,坚持改革、开放、协同,完善职业教育和培训体系,深化产教融合、校企合作,办好继续教育,书写新时代职业教育与继续教育奋进之笔。

在贯彻落实国家对高等职业教育创新发展的政策实践中,各省级教育行政部门积极参与认真部署,浙江、广东、河北、安徽、江西、湖南、海南、重庆、四川、贵州、云南、陕西、山东等省市均印发了落实行动计划的实施方案,并相继启动了优质高职院校和骨干专业等项目遴选工作。在党中央、国务院加快发展现代职业教育的重大战略决策推动下,高职教育迎来了优质高职院校建设的热潮。建设一批定位准确、特色鲜明、水平较高的国内一流、国际知名的高职院校,成为高职院校再次发力的重要抓手。新时代的高等职业教育面临新的挑战,"中国制造2025""互联网+""大众创业、万众创新""精准扶贫""一带一路"等重大国家战略为高等职业教育培育技术技能人才提出了新要求。高职院校建设,就是要瞄准"世界先进水平的一流高职院校"这一理想目标,在国家示范(骨干)院校建设基础之上,做大做强,通过着力深化、转化和固化示范性建设成果,持续创新发展高职教育,最终实现高职院校的整体内涵做优,全面提升办学品质与办学水平! 这是新时代赋予职业教育的新使命,也为新形势下高职院校创造新的发展契机。

二、高等职业教育进入内涵建设阶段

自2011年开始,我国普高毕业生人数呈现下降趋势,人们对高等教育的需求从"有学上"逐渐升级为"上好学",人民群众对优质高等教育需求不断增长。此外,产业转型升级和大数据时代对劳动者素质和技能提出了更高的要求。建设优质高职院校,正是顺应时代特点,力争在教育强国的重大决策中,发挥高职教育的重要作用。办人民满意高职院校、建高水平专业,成为高职发展的重中之重。

教育部职业教育与成人教育司司长王继平①曾提出:要打造一批"本地离不开、业内都认同、国际能交流"的具有中国特色的高水平高职学校和专业,输出中国方案,形成世界标准;在国家督学、全国高职高专校长联席会主席董刚看来,优质高校应做到"办学定位准确、治理水平先进、师生素养卓越、专业建设一流、社会服务有力、办学特

---

① 解艳华:《高职"双一流"建设驶向"快车道"》,《人民政协报》2017年11月29日,第10版。

色鲜明"。高职院校如何抓住这个契机谋发展,如何完成"双高""双优"任务,高职教育专家和学者们积极探索建设策略,献计献策。

中国职业技术教育学会副会长、上海市教科院高职发展研究中心主任马树超研究员则认为,产教融合是从示范到优质院校建设的主线①。马树超提出一流高职院校的"十个高水平":毕业生竞争力高水平,科研成果转化高水平,服务地方行业高水平,办学条件高水平,"双师型"师资队伍建设高水平,学生能得到高水平的个性化关注和指导,知名企业参与专业教学高水平,协同创新高水平,国际交流合作高水平,社会认可高水平。

全国高职教育研究会会长、浙江金融职业学院党委书记周建松教授②认为,高水平高职院校建设是一项系统工程,必须突出重点、强化特色,必须兼顾高教性、突出职教性,必须把准办学方向、突出专业建设,重视师资队伍建设和学校服务能力建设,切实提高办学治校水平。第一,把好办学方向,贯彻立德树人主线,坚持办好中国特色社会主义高等职业院校,培养中国特色社会主义建设者和接班人。第二,坚持专业建设为龙头,打造一大批高水平专业,立足专业、重视专业、加强专业,以一大批面向重点产业、服务行业企业、支持区域发展、办学综合条件好的高水平专业为支撑,要重视专业的定位和条件建设,重视专业人才培养机制建设,重视产教融合、校企合作的人才培养模式构建,以高水平专业来彰显高水平高职院校的实力和水平。第三,着力加强师资队伍建设,努力建设一支高水平教师队伍。教师是学校最为重要的宝贵财富,更是办学治校的重要主体,高水平高职

　　①　马树超:《产教融合:从示范到优质院校建设的主线》,《职教论坛》2017 第 1 期,第 32—35 页。

　　②　周建松:《高水平高职院校建设的理念与思路研究》,《职教论坛》,2018 年第 1 期,第 6—10 页。

院校建设,必须重视和加强高水平教师队伍建设,切实提高教师队伍水平。第四,重视理念和文化,提升办学治校综合能力。高水平高职院校应该有高水平管理,有较好的办学治校和管理能力,形成学校良性运行和可持续发展机制、体制和文化。第五,突出学校服务能力,提升学校综合影响力。高等职业教育以服务为宗旨、以就业为导向、走产学研相结合的道路,从而促进学校良性可持续发展。作为高水平建设学校,必须围绕服务并在提升服务能力上下功夫见成效。

王晓东[①]经过深入调研,在《优质高职院校建设专题调研报告》中得出结论:优质高职院校建设,目的在于为实现高职院校创新发展、加快高职教育的现代化高水平发展完成必需的过渡与铺垫,为最终建成"世界一流的职业院校"进一步夯实根基。因此,"优质高职院校"建设的目标,不应简单追求所谓外显的标志性成果,更不必自拘于某些指标体系,而应当是一个动态的、能够反映建设过程本身内涵品质状态的目标。这一目标应当包含如下四大隐性特征:(1)"以服务为宗旨,以提高就业质量为导向"的办学理念已经牢固确立,成为高职办学者的普遍共识并且得到自觉奉行。(2)高职院校发展动力从以政府主导、项目拉动、资金集中投入的外在输入方式,转向政府规范引导,院校自主办学、主动服务发展需求的内生可持续方式。(3)高职院校的办学能力和办学社会功能得到全面提升和拓展,多元开放的集约化办学格局基本形成,学校职业教育、社会技能培训、终身教育全面贯通,资源开发渠道顺畅,资源的整合能力、合理配置程度、资源的共享利用及其利用效益显著提高。(4)产教深度融合、校企双主体办学已经从口号和愿景,转变成为高职人才培养工作各个

---

① 王晓东:《优质高职院校建设专题调研报告》,《中国职业技术教育》2014年第35期,第15—18页。

重要环节的自然常态,中国特色高职教育办学体制机制范式已经初步形成!

　　周建松[①]等在《以优势专业建设为抓手推进高职教育内涵式发展》中认为,内涵建设、质量提高的举措要抓到实处,必须要抓住专业这个根本,要以优势特色专业建设来促进高等职业教育内涵建设的持续深入,为实现高职教育可持续发展奠定基础。优势专业建设是一个系统工程。以专业建设为重点,推进办学内涵建设是一项系统工程,它至少应包括:(1)构建以专业为基点的开放办学即校企合作机制,形成合作发展、合作办学、合作育人、合作就业的机制;(2)探索研究各个不同类型、不同生源、不同层次的专业人才培养方案,形成有特色的人才培养方案和模式,体现出先进性、可持续性;(3)专业建设本身应包括课程建设、师资队伍建设、校内外实习实训基地建设、人才培养方式改革、机制建设、教学条件建设等,其中师资队伍建设尤其是专业带头人和"双师"结构教学团队建设十分重要;(4)以优势专业为龙头,带动专业群建设,这是发挥优势专业在校内带动作用、示范作用、引领作用的重要路径;(5)以一个学校的优势专业带动3—5所兄弟院校,联合 3—5 个核心企业,合作建设,就能形成优势专业在校校和校企方面的联合发展机制。

　　合作教育体制建设的首要问题,是要依据优质高职院校建设的背景,理解优质高职院校的内涵和建设标准。优质高职院校的建设标准有内在标准与外在标准。建设优质高职院校,应兼顾内在标准和外在标准,凸显内在标准的意义。建设优质高职院校,实现人才培养、办学条件、实训能力、教学能力、师资队伍和国际竞争力等方面的

---

① 周建松、孔德兰、章安平:《以优势专业建设为抓手推进高职教育内涵式发展》,《中国大学教育》2014 年第 5 期,第 78—80 页。

优质化,关键在于构建优质高职院校的建设标准。那么优质示范院校的标准是什么?

郑小明[①]提出,根据优质高职院校对不同主体需求的满足,可以将优质高职院校的建设标准分为外在标准和内在标准。他认为,优质高职院校的外在标准至少包括以下几个方面:1.社会声誉高。具有高的教学质量和毕业生就业质量,社会承认度高并具有良好的社会声誉。2.办学能力强。全面提升和拓展高职院校的办学能力,能够在政府规范引导下,院校自主办学、主动服务发展需求,实现可持续发展。3.办学特色鲜明。突出"高"和"职",人才培养上强调对学生进行高智力含量的技术教育,体现地方性与行业性。4.产教深度融合。校企双主体办学成为现实,企业全面参与高职院校人才培养工作的各个重要环节。5.社会支持度高。政府、社会、企业、学生以及家长对高职院校具有高的支持度。多元开放的集约化办学格局基本形成,高职院校的资源开发渠道顺畅,资源的整合能力、资源的共享利用及其利用效益显著提高。还认为,优质高职院校的内在标准,主要是指高职院校对师生需求的满足程度。优质高职院校应紧紧围绕师生需求,集中有限资源致力于技术技能型人才培养。优质高职院校至少要具有以下几个方面的内在标准:1.先进的办学理念。联通职业教育、素质教育和终身教育,树立全面发展的人才观和帮助人人成功的职教理念。2.严谨的教学体系。教学设备条件优良、管理规范,校内实验实训基地和校企合作实习实训基地的使用效能高。专业教学标准与质量评价标准体系科学、简洁严谨,学生职业素质与职业技能评价标准不断完善,教育教学质量监控与评价机制健全。

---

① 郑小明:《建设优质高职院校的背景、内涵与标准》,《江苏教育研究》2016年第3期,第57—61页。

3.特色的师资队伍。从课程教学、实践能力、职业素养等方面打造教学水平和实践能力并重的技术技能型教学团队。4.精湛的管理水平。院校领导班子和管理团队能立足市场、高瞻远瞩,严格遵循职业教育教学规律,积极推动现代职业院校的治理体系建设,从绩效分配、选人用人机制、评价机制等方面推进院校内部管理体制机制改革。5.卓越的组织文化。先进的办学理念和追求卓越的精神成为学校组织的文化,成为院校全体成员的共识并转化成生活行为方式。建设优质高职院校是我国高职教育发展到一定程度的必然要求,是我国高职院校从外延式发展走向内涵式发展的必然选择,其根本目的在于扩大优质高职教育资源,满足人们对优质高职教育资源的需求。优质院校是不断"优质化"的过程,在此过程中要能给师生以成功的希望。优质高职院校不仅要教给学生以知识和技能,而且要在思维、方法、原则、精神等方面激发学生的发展潜能,使学生成为全面发展的、具有可持续发展能力的人才。

成军①在《高水平专业建设:优质高职院校建设的核心》中认为,高水平专业建设要立足六个"高"。一是服务国家战略的站位"高"。党的十九大提出了我国社会主义现代化建设"三步走"的战略目标,与产业联系最为紧密的高职教育要勇担新使命,为新时代经济社会发展做出新的历史贡献。尤其是高水平专业建设,首先要凸显服务国家发展战略的价值追求,提高专业与产业发展的对接度,赋予专业发展鲜明的时代性和应有的战略高度。如"对接中国制造2025""互联网+""大众创业、万众创新"等产业战略,在当前最为深刻变革的产业领域率先推动专业定位、培养目标和教学内容等的转型升级。

---

① 成军:《高水平专业建设:优质高职院校建设的核心》,《教育发展研究》2017年第23期,第3页。

二是产教深度融合的平台"高"。高水平专业建设要紧紧抓住产教融合，搭建起更加高端的平台，促进各类资源的有效集聚。要结合区域功能、产业特点，或选择具有龙头地位的标杆企业，或联合具有资源集聚能力的产业集群或联盟开展深度合作，能够紧跟产业发展的最新趋势和技术潮流，能够快速感知产业发展及其需求的变化，促进教育链、人才链与产业链、创新链有机衔接。探索建立混合所有制、股份制等具有良性利益关系和市场规则的平台运行机制，推动产教融合从单一走向多元、从浅层次走向深层次，形成资源共建共享的新生态，将专业发展提升到一个新的高度。三是专业教学团队的素质"高"。高水平的师资队伍是优质校建设和高水平专业建设的根本保障，要聚焦在三个"高"上：第一是高层次人才的集聚；第二是高起点的教师发展计划；第三是高度协同的团队凝聚力和协同能力。高水平专业建设本身就是一个资源协同建设、整合和应用的过程，需要在专业教学团队上也能够实现高度的协同性，既要在专任教师之间协同开展课程建设、科学研究，也需要在专、兼职教师之间建立协同合作的紧密型通道，真正建立起一支专、兼结合一体化管理的高水平专业教学团队。四是科研技术服务的贡献"高"。高职社会服务强调的是技术技能积累与服务，要立足于应用技术的研发与服务，重点突出三个强化：第一，强化科技研发、成果转化和继续教育平台建设，针对不同专业的特点，与行业企业、科研院所等共建协同创新中心、重点实验室、高新技术研发中心、研究智库、企业研究院、技能大师工作室、行业性和区域性的培训服务中心等不同类型的平台和载体；第二，强化研发创新、社会服务和培训团队建设，与行业企业整合、重构科研团队，并通过公司化运作和项目实施，带动社会服务团队的建设；第三，强化项目教学化改造，引导学生开展创新研究，在科研与技术服务驱动专业人才培养上走出改革新路。五是教育教学改革的引领"高"。高水平专业首先要在落实立德树人的根本任务上彰显典范，系统探索"工匠精神"培养的内容和途径，塑造学生专业素养的特质，在育人的理念、体系和途径上实现从能力本位到全面发展的深刻转变。其次，根据产业发展需求，着重在人才培养的方法、途径上探索创新、改革突破，丰富分层分类的人才培养方式；从健全企业参与制度出发，通过对接生产管理过程和强化实践教学，在现代学徒制的专业个性化实践、弹性教学组织安排、理论实践一体化融合等方面探究规律、形成系统，探索实践智慧目标导向的校企协同育人新模式；从提升创新创业能力出发，以双创教育为主线改革专业教育，创新实战化教学的多元途径，探索形成"专业＋"创新创业教育的系统化改革与实施路径；从借鉴和引进国际先进标准与优质资源出发，全面提升学生的国际化视野。六是专业人才培养的质量"高"。人才培养质量高不高，关键在于是否能够满足社会需求和人的发展需要。高水平专业建设要着力于建立起一个可观测、可比较、可反馈的人才培养质量分析模型和评价指标体系，既要把基本的就业数据和技能竞赛、创新创业等学业成果纳入评价比较的范畴，也要强化以适应社会需要为检验标准的理念，把社会评价作为衡量人才培养质量的重要指标。同样要建立起一套包含在校生学业评价、毕业生短期就业质量评价和中长期职业发展评价的全过程质量监控与跟踪体系，把社会需求的信息及时反馈到人才培养环节上，以此引导专业教学改革，实现高水平专业人才培养与新一轮产业技术升级人才需求的精准对接。

优质高职院校和优势特色专业建设，正在掀起高职教育新一轮发展热潮。在这高职教育迅猛发展的新时代，各高职院校都积极开拓创新，努力创特色谋发展，建设成果丰硕，千花盛开。但是，高职教育专家和学者们均有一个共识：无论是"重点校""优质校""骨干校"

"一流校"建设,还是"优势专业""骨干专业""重点专业""特色专业"建设,内涵建设将是今后建设的重心。

三、浙江高职教育抢占新的发展先机

浙江省高职院校大多兴起于 20 世纪 90 年代末至 21 世纪初。创办初期,高职教育关注的焦点集中在学校的招生与就业、基础设施建设、师资的引进扩充等基本问题,处于探索规范建设阶段。作为一种新型教育形态,高职院校没有直接可借鉴的建设经验,早期的高职教育往往办成本科大学的压缩饼干,照搬本科院校的专业设置、课程体系及课堂教学模式。

2002 年《国务院关于大力推进职业教育改革与发展的决定》、2005 年《国务院关于大力发展职业教育的决定》,成为高职教育腾飞的催化剂,浙江高职院校进入蓬勃发展阶段,共创办 33 所高职院校。2006 年后我国高职院校的学校数量、招生规模已占全国高等院校的一半,浙江省的高职院校也基本趋向于平稳发展的态势。历经十几年的发展,尤其是在"十二五"期间,高职院校在办学方法上已经摸索出一套适合自己且行之有效的模式,浙江高职教育逐渐走向成熟。根据 2018 年 4 月 3 日浙江省教育厅发布的《2017 年浙江教育事业发展统计公报》,浙江高职院校的数量已经达到 49 所(其中民办 10 所),在校生人数 386070 人,高职教育形势喜人。现浙江高职院校以公办体制为主、民办为辅,其中公办 39 所,民办 10 所,形成了由政府牵头、地方政府主导、行业企业集团参与公私兼顾的办学格局。服务地方经济是浙江高职教育区域分布的特点之一,浙江高职高专院校主要分布在省会杭州及沿海经济发达的开放城市,为地方产业、行业提供大量刚需的技术型和服务型人才,为地方经济活跃及行业产业可持续发展提供了人才支撑,形成浙江高职教育与地方经济共生共

荣的局面。

《高等职业教育创新发展行动计划(2015—2018 年)》实施以来,全国已有 20 多个省份启动优质高等职业院校建设计划,建设院校达 300 多所。浙江省也适时推出了"双优"建设计划——建设优质高职院校的同时,建设一批有特色、有规模、高水平的优势专业。2016 年 11 月 2 日,浙江省教育厅和浙江省财政厅联合发布了《关于在高职院校实施优质暨重点校建设计划的通知》。《通知》全面贯彻国家和省对高职教育的工作部署,根据浙江经济社会发展对技术技能人才培养和技术创新服务新需求,结合高职教育建设发展实际,计划在国家"示范校""骨干校"和省"示范校"建设成果的基础上,新遴选支持一批高职院校继续开展新一轮改革创新和项目建设,提升全省高职教育办学水平和综合竞争力,增强高职院校服务全省经济社会发展能力,加快推进浙江现代职业教育体系建设,协同创建高等教育强省。

《通知》对重点校建设提出明确要求:

(一)推进管理体制创新。完善学校章程建设,健全现代职业院校治理结构,切实提升治理能力。深化办学体制改革,健全校企、产学深度合作机制,探索二级学院混合所有制改革。⋯⋯积极推行现代学徒制试点,改革人才培养模式。加强创新创业教育,促进专业教育与创新创业教育有机融合。建立教学工作诊断和改进制度,积极应用第三方评价,健全人才培养内部质量保障体系。(二)加强优势特色专业群建设。围绕我省主导与优势产业布局,重点选择若干个专业集群,以学校优势特色专业为骨干,集聚一批相关专业,进一步改善集群专业办学条件,深化专业教学改革,加快建设形成一批适应需求、优势特色鲜明、效益显著的专业集群,形成与区域产业分布形态相适应的专业布局,进一步优化全省高职教育专业结构。同时,推进高水平校内生产性实训基地建设,联合行业企业开发优质教学资源,建设共享型专业教学资源库和精品资源共享课,积极推动教学创新,增强课程选择性,加强实习实训教学,改进教学管理,切实提高人才培养质量。(三)加强双师型教师队伍建设。充分发挥教师发展中心作用,建立体现产业与专业特色的教师分类培养与管理制度。大力提升教师专业技能、实践教学、信息技术应用和教学研究能力,提高"双师双能"专业教师比例。完善契合高职教育类型特征的教师专业技术职务(职称)评聘办法。探索和落实教师全员培训、新招聘教师入职培养、青年教师助讲和教师定期实践等制度,完善教师行业企业"访问工程师"培养制度。积极组织教师参加"国培""省培"项目,多渠道多形式开展师资赴国(境)外培训;推进与大中型企业共建"双师型"教师培养培训基地,培养一批学术水平高、业务能力强、师德高尚、行业有影响力的专业带头人、骨干教师和教学名师。(四)促进技术技能积累与服务。推动与行业企业共建技术工艺和产品研发中心、公共实训平台、技能大师工作室等技术技能积累与创新载体;面向重点发展产业,提高专业的技术协同创新能力;建立和完善教师技术服务的制度与政策,引导教师面向行业企业开展技术研究、产品开发、技术推广;促进科技成果转化,推动行业企业的技术革新与发展,为产业升级服务;积极开展企业职工培训和社区教育,建设一批行业性和区域性的培训服务中心;增强学生的技术创新意识和能力,组织学生服务行业企业技术创新。(五)提升国际交流与合作水平。加强与信誉良好的国际组织、跨国企业以及职业教育发达国家开展交流与合作,探索中外合作办学的新途径、新模式;学习和引进国际先进成熟适用的职业标准、专业课程、教材体系和教育资源,积极参与制定职业教育国际标准,开发与国际先进标准对接的专业标准和课程体系;选择类型相同、专业相近的国(境)外高水平院校联合开发课程,共建专业、实验室或实训基地,建立教师交流、学生交换、学分互认等合作关系;积极参与"一带一路"建设,配合"走出去"企业面向当地员工开展技术技能培训和学历职业教育,吸收沿线国家学生来浙留学,为沿线国家培养急需的技术技能人才,鼓励跨出国门办学。

《通知》明确了建设目标:按照"强化特色、培育优势"的要求,支持一批办学基础好、服务能力强,与地方发展需要契合度高、行业优势明显的学校进行优质高职院校建设,重点是深入开展育人模式创新,加强优势特色专业和高素质人才队伍建设,增强人才培养质量和技术创新服务能力。在此基础上,选择若干所办学基础扎实、优势特色鲜明,改革意愿强烈且有明显成效的院校进行重点建设,打造具有较大国内外影响力的高职教育名校,引领和促进全省高职院校提升办学实力和综合竞争力,力争有若干所高职院校跻身全国前 30 位,力争有一批学校跻身全国前 200 所优质高职院校行列,确保浙江高职教育在全国的领先地位,为全省经济社会发展提供更强大的综合服务能力。

2016 年 8 月,浙江省教育厅启动了"十三五"优势特色专业建设项目,明确了"十三五"期间高职院校优势特色专业建设的五大任务:

(一)改善专业基础条件。完善专业课程体系,推进专业课程建设,编写或选用高水平教材,及时更新教学内容。切实改善实习实训条件,系统设计实施实践教学体系,加强实习实践管理。通过项目建设,切实推进专业教学条件建设,确保专业教学用房、教学仪器设备、专业图书资料等教学资源充分满足专业教学需要,生均教学资源水平处于省内外同层次同类型专业前列。(二)加强专业师资队伍建设。制定实施体现专业特点的教师管理制度,加强专业带头人选拔培养,加强专业教师队伍建设,提高教师在职培养和培训效果。促进高职"双师型"教师成长,充实高水平兼职教师队伍。确保本科专业教师特别是高水平教师将更多精力投入教学。通过项目建设，培养一批教学水平高、育人作风优良的专业带头人和中青年教学骨干，凝成一批优秀的教学团队，成为省内外同层次同类型专业中新秀、名师争相竞出的高水平教学人才高地。（三）深化专业教学改革。与时俱进，加快完善专业人才培养方案，深入改革人才培养模式。深化本科专业教学管理改革，全面实施学分制、导师制、弹性学制。深化高职专业招生和培养改革，着力推进现代学徒制试点。通过项目建设，推动专业踊跃参与学校本级教改项目研究，努力培育重大教学研究和标志性成果，并在省级及以上层次教改研究项目和教学成果奖项中，比省内外同层次同类型专业竞得明显优势。（四）创新专业办学模式。建立健全本科专业产学研协同育人机制，促进专业教学与人才培养需求的紧密对接。完善高职校企合作产教融合机制，深入推进专业办学与行业、企业的密切合作。推进专业国际合作，在吸收借鉴国外先进教育教学理念、课程体系和教学方法的同时，积极吸引国际优质生源，并鼓励有条件的专业率先"走出去"。通过项目建设，推动本科专业完善与行业、企业协同育人的有效模式，高职专业在推进产教融合校企合作育人方面取得新的重大进展。推动项目建设专业的国际合作育人水平得到较大提升，并有一批专业成为服务"一带一路"等国家战略的先行者。（五）强化专业社会服务。切实加强专业人才培养，扎实开展专业教学工作和创新创业教育，确保和提高专业人才培养质量。积极开展专业社会培训，积极承接和开发社会培训项目，为行业企业和社会有需要的人员开展多形式的教育培训和终身教育服务。积极开展科学研究和技术服务，促进科技成果转化。

浙江省"十三五"优势特色专业建设项目提出了两大建设目标：（一）按照高校专业建设"突出优势、强化特色"的要求，通过优势特色专业项目建设，重点支持 300 个基础条件较好、人才需求较大、发展后劲足、跻身或有望跻身国内同类前列的本专科专业,进一步改善专业办学条件,深化专业教学改革,全面提升专业人才培养和社会服务能力,加快形成和强化在省内外同层次同类型专业中的领先优势,部分专业高标准通过国际专业认证,率先成为国内一流、国外具有一定影响力和竞争力的专业标杆。(二)大力扶持400个某一高校独有或仅在少数高校开设,为区域传统特色产业、新兴产业及社会发展急需,在专业办学方面特色初显、有发展潜力的本专科专业,积极改善专业基本办学条件,进一步培育和凝练专业特色,增强为特定领域和行业的人才培养和社会服务能力,使之成为省内外同层次同类型专业中的骨干。

建设优质高职院校,支持"骨干专业建设",建设一批"优质专科高等职业院校",是推动高职教育创新发展,扩大优质教育资源的重要举措。浙江省出台优惠政策,大力支持有一定建设基础的学校,从办学条件、产教融合机制、毕业生就业竞争力及创业水平、社会影响力、国际合作水平等方面下功夫,提升综合竞争力;支持办出特色的专业紧密围绕区域主导和优势产业布局,全面优化专业结构,提升专业服务产业新战略的能力和水平。浙江省"双优"建设,抢占高职教育发展先机,助推高职院校的发展,以先进的办学理念、创新的人才培养模式、完善的校企合作机制、科学的课程体系、合理的实践教学体系、双师型的师资队伍、精湛的管理水平和卓越的校园文化,满足时代对优质高职教育资源的需求,打造"世界一流的职业院校和骨干专业,形成具有国际竞争力的人才培养高地"。

第三节　优势专业背景下的学科服务定位

一、优势专业用户信息需求分析

随着市场经济的不断发展和网络化环境的不断完善,高校图书馆的用户出现了多元化的趋势。但是,高校教学和科研用户作为高校图书馆核心用户的地位并没有变;当然,上述核心用户的具体信息需求出现了一些新的特征和表现。因此,高校图书馆在开展学科服务前,应当认真分析其核心用户信息需求的新变化,并采取有效措施提供有针对性的服务,以满足其核心用户的信息需求。

优势专业建设背景下学科服务的用户主要包括该专业的教师、科研人员、学生。他们的职业活动围绕优势专业的目标和活动展开,随组织结构和所处环境的不同而发生变化。优势专业的目标、活动、结构和环境决定着所有成员的职业活动,也决定了所有成员的信息需求,特别是教学和科研两大需求构成了优势专业的主体需求,从而决定每个成员的职业活动以及由此产生的信息需求。无疑,教学和科研信息用户群体构成了高校图书馆学科服务的核心用户群体。

1. 优势专业用户信息需求总体特征

(1)专业化和多样化

优势专业的师生都具有一定的专业背景,学习、教学和科研的信息需求主要集中于本专业或相关学科专业领域中。现代科学技术的发展,一方面高度专业化,各学科专业越分越细;另一方面,呈现出综合化和专门化的特点,新的交叉学科和边缘学科大量涌现。用户既需要大量详尽的、专业性很强的本专业信息,也需要相关专业的综合性信息。

优势专业教师的职业活动具有多面性。例如一位教授往往既承担教学工作,又承担科研任务,还要引领社会服务,同时还是业务或行政部门的管理者。因此,用户所需的信息种类繁多,信息需求多样化。从所需的信息种类看,他们不仅需要与该专业相关的期刊、会议文献、学位论文等文献信息,专业进展、行业动态等最新进展信息,基础教学资料、课件等教学信息,还需要字典、百科全书等参考工具,教学软件、个人文献管理工具等软件工具。从所需的文献载体看,他们不仅需要印刷型文献,还需要数据库、网络导航等数字资源。

(2)集中化和个性化

虽然优势专业用户的信息需求多样化,但是他们在多重职业角色中的本位角色对其信息需求的影响起到了经常性和决定性作用。因此,优势专业的教师、科研人员、学生等用户群在信息需求的内容、类型、深度上都具有明显的集中化特征。同时,每个用户的知识结构、行为方式和目标、心理倾向不同,对具体的信息需求也具有明显的个性化特征。他们希望高校图书馆的学科服务能够针对其个性需求推荐特定的信息资源,提供有针对性的信息服务,构建个性化的信息空间和个人信息环境。这一需求在现代网络环境下变得更为突出。

(3)节律化和高效化

教学工作是高校的中心工作,它是一种节律性很强的工作。按照教学计划、教学大纲的安排,不同年级、不同时段的教学活动、教学内容、教学环节有规律地进行,周而复始,循环往复,教师和学生对相关信息的需求也呈现出极强的节律性。此外,随着用户工作、学习、生活节奏的加快,信息技术的发展以及网络信息组织与传递方式的变化,用户逐步追求高效的信息交流环境和高效化的信息服务。因此,信息服务的高效化是高校图书馆学科服务长期、不变的目标。

（4）马太效应

马太效应（Matthew Effect），指强者愈强、弱者愈弱的现象，广泛应用于社会心理学、教育、金融以及科学领域。马太效应，是社会学家和经济学家们常用的术语，反映的社会现象是两极分化，富的更富，穷的更穷。那么对于优势专业用户而言，主要是指用户学历、职业活动等方面的关系，他们所积累的信息量是不等的，有时差距甚大。例如高校教授、科研人员、博士等为了生产信息资源需要不断地搜集和积累信息，从而不断地衍生出新的思想和成果，因而也不断地激发出新的信息需求，他们的信息拥有量和需求量明显高于其他用户；学生中，毕业班学生的信息需求也远远高于低年级学生；由于信息技术在图书馆的应用，使一部分用户借助网络可以更多更快地积累信息，而另一部分不熟悉数字资源获取方法或没有经济能力上网获取信息的用户，其信息拥有量越来越少。这些现象都说明了用户的信息需求产生了马太效应。

2. 优势专业用户信息需求具体特征

（1）科研人员的信息需求特点

①阶段性。科研通常分为前期准备阶段、立项研究阶段和后期成果阶段。在每一阶段他们所需信息是不同的。在前期准备阶段，他们需要查找大量的参考文献，强调信息的查全率；在立项研究阶段，他们需要研究最前沿的讯息，要求信息的及时性与准确性；在后期成果阶段，他们的信息需求多属于成果查新项目，并十分强调信息的查准率与查全率。

②实用性。优势专业的科研课题主要有两类：一类是纵向课题，即从国家、部委和省市纳入财政计划的科研拨款中直接获得经费的项目，具有稳定方向和重要影响，其经济效益在短期内一般难以体现。另一类是横向课题，即通过技术合作获得研发经费的课题，一般

都是具体部门、具体企业为了解决工作中的难题和技术难关而制定的项目，是以企业、市场需求而设立的短、平、快科研项目，其经济效益显现较快。因此，横向课题的研究者相对于纵向课题的研究者在信息需求上表现出更大的实用性。

③依赖性。科研人员都具有一定的信息检索知识，深知信息检索能力的重要性。因此，他们较为关注图书馆学科服务的功能和作用。由于课题研究的实践紧、任务重、要求高，为了节省时间，他们通常会依赖图书馆学科馆员来检索相关文献资源，完成前期调研等工作。

（2）教师的信息需求特点

①初级职称教师的信息需求呈现出较强的模糊性。初级职称教师一般都是刚刚毕业不久的年轻教师，他们初具专业功底，对教学科研工作还处于摸索阶段。对信息资料的需求不清晰，在信息用户中仍属于潜在用户，其信息需求还有待于转化为信息行为。

②中级职称教师的信息需求呈现出较强的研究性。中级职称教师一般已具有一定的教学和科研能力，在高级职称教师的指导下，能够承担部分科研课题的研究任务，对信息资料的需求，无论在数量、类型、文种上，还是在知识的精度、深度上都大大超过初级职称教师。与高级职称教师一样是信息服务工作的重点。

③高级职称教师的信息需求呈现出较强的先进性。高级职称教师一般是学校优势专业教学科研工作的带头人，他们知识丰富，对最新科技发展动态敏感，知识信息吸收能力与综合分析能力强。在信息资料的需求上更注重有关研究的新成果、新进展、新动向，更期望图书馆的学科服务能以定题快报等形式提供快速的科研情报，尤其是非正式出版、交流而获得的科研项目情报，因而在信息需求上表现为量大质高。

（3）学生的信息需求特点

学生的信息需求是由他们的学习任务所决定的。从某种意义上说，他们表现为正在成长中的潜在用户或未来用户。

①阶段性。不同年级的大学生读者由于所学内容不同，对大学环境的适应能力不同，因而需求也有差异。低年级学生的主要任务是学好基础课，为下一个阶段学习专业课打基础。这一阶段，他们主要需求是与所学课程有关的文献资料，帮助他们学好各种基础课。高年级学生已进入专业学习阶段，职业意识增强，渴望获得更多的专业知识。他们不满足教材上现成的结论，需要广泛阅读各种观点、各种流派的参考书，从中加以分析比较得出自己的看法和结论。毕业生需要撰写论文，他们必须掌握本专业的发展历史和发展趋势，需要系统地了解与自己的毕业论文选题相关的资料，特别需要内容新颖的信息资料。

另外，每学期又可以分为开学、上课、考试、放假四个阶段，处在不同阶段的学生的信息需求也呈现出不同的特点。一般开学初期为学期准备阶段，学习任务较轻，没有考试压力。因此，学生对休闲类图书的借阅需求较大；上课阶段，学生以学习活动为主，为了开拓学生的专业视野，教师通常都会提供相关专业的教学参考资料目录，因此，学生外借、阅览专业图书较多；考试阶段，学生进入系统复习阶段，借阅需求急剧下降；放假期间，学生考试结束，精神放松，又进入一个借还书的高峰期。他们往往会借专业参考书、文艺书或其他书刊，利用假期进行阅读。

②集中性。大学生正处于一个思想活跃、求知欲强、兴趣不稳定时期。他们或是受外界因素、个人兴趣爱好的影响，在某一时期集中阅读某方面的书刊；或是受各种社会潮流和社会活动的影响，集中借阅某类或某几种书刊；图书馆的推荐书目，网上畅销书，教师推荐的

参考书等都会左右他们的阅读方向；学校的教学计划、统一的教学大纲、统一的教学进度也是造成学生集中阅读的主要因素。

③广泛性。虽然专业学习是大学生的主要任务，但这并不是他们全部学习的内容，他们除了学习基本知识和基本技能外，还需要自学专业外的知识。他们对社会各种事物都有较强的好奇心与探索精神，使得他们广泛涉猎各种书刊，从中寻找他们感兴趣的信息，去解决他们在学习和生活中所遇到的难题，以充实他们的生活，满足他们渴求知识的欲望。

总之，不同用户的信息需求具有不同特征，并随着时代的进步和信息技术日新月异的变化而变化，高校图书馆学科服务人员必须紧跟时代脚步，及时把握用户需求特点，不断丰富图书馆可用信息资源，进一步完善图书馆信息服务体系，全面提高自身综合服务素质，在实际信息服务工作中最大程度地满足用户的不同信息需求。

二、优势专业用户信息行为分析

1. 信息行为的概念

早在 20 世纪初，人们就开始对信息行为进行探索，但成果较少，对信息行为概念的解释尚不全面。到 20 世纪 70 年代末，国内外学者对于信息行为的研究越来越多，这一概念也逐渐清晰，但时至今日，仍没有形成统一定论，众说纷纭。

David W. De Long 指出，信息行为是个体、组织受到信息环境的刺激时所从事的一些活动，它包括信息查询、信息使用、信息评价、信息存储以及信息共享。他强调了个体和组织在信息环境因素的影响下所产生的一系列信息行为。①

纳赫尔(Diane Nahl)研究信息行为时关注的主要是用户在何时做何种工作,具体包括他们如何查寻信息,他们犯有何种错误,对于相关性有何种考虑,他们原有的知识结构,他们会做出何种选择,他们会有什么样的感触。在考虑以用户为中心的解决方案时,对于用户的主动性行为的重要性需要有新的关注。

威尔逊(T. D. Wilson)则认为,信息行为是指用户确定信息需求、搜集信息、使用信息以及传递信息所从事的一切活动。从这个定义中不难看出,他研究的信息行为是以用户为中心,从积极因素和消极因素的角度提出了用户产生的信息行为的过程。②

国内的学者也对信息行为的定义提出了自己的见解。如陈建龙认为,由于行为是人格化的,有其不可分割的主体,它既是由主体的内在本质决定的自觉活动,又是由主体受外界刺激而做出的各种反应。同时,行为又是各种目的的实现过程,目的是行为的核心,活动是行为的表现。因此,信息行为的含义就可以从行为的主体、外界刺激、主体的目标和主体的活动 4 个方面来进行分析。根据这种理解,陈建龙最后指出,所谓信息行为就是人们自觉地为解决问题而获取和使用信息的活动。③

冷伏海认为,信息行为的含义可以从行为主体、外界刺激、主体的目标和主体的活动等方面加以领会。信息行为的主体是与信息有关系的人,如信息的认知者、信息传递者和信息的使用者;信息行为

---

① 陈祥、蔡裕仁:《资讯寻求行为与阅读情境差异性之探索:传统报阅读人与电子报阅读人之分析比较》,《资讯社会研究》,2005 年第 1 期,第 193—211 页。

② T. D. Wilson. "Human Informtion Behaviou". Information Science,2000,3 (2),p. 155-176.

③ 巢乃鹏:《网络受众心理行为研究——一种信息查寻的研究范式》,新华出版社 2002 年版,第 102 页。

的外界刺激主要是信息和信息环境；信息行为主体的目标是主体获取、加工、传递和利用信息的最终意图。因此，从主体的活动角度看，信息行为就是各种信息活动的结合体。①

胡昌平认为，所谓信息行为是人类特有的一种行为，指主体为了满足某一特定的信息需求（如科研、生产、管理等活动中的信息需求），在外部作用刺激下表现出来的获取、查询、交流、传播、吸收、加工和利用信息的行为。②

可见，不同行为主体的信息行为各不相同。那么，优势专业用户信息行为主要是指优势专业的教师、科研人员及学生在自身知识结构和认知思维支配下对教学、科研、学习环境所做出的反应，是建立在信息需求和思想动机基础上，历经信息查寻、选择、搜集等过程，并为用户吸收、纳入的连续、动态、逐步深入的过程，如明确信息需求、选择信息系统（文献资源）、制定检索策略等。

2. 用户信息行为分析

（1）教师信息行为分析

①教师信息查询行为

信息查询是用户查找、采集、寻求所需信息的活动。优势专业教师的信息查询行为，不仅取决于个人的信息意识、信息能力以及个性心理特征，而且与其所处的社会环境、信息环境密切相关。一般说来，优势专业教师作为专业建设项目的成员，其信息查询行为必然受到学校、专业和所在社会信息环境的影响。

Francis 对西印度群岛某大学从事社会科学研究的教师进行了问卷调查，得出结论为：该学校社会科学类教师在教学过程中获取信

---

① 冷伏海：《市场信息资源与市场信息行为》，北京图书馆出版社 2000 年版，第 2 页。

② 胡昌平、乔欢：《信息服务与用户》，武汉大学出版社 2001 年版，第 5 页。

息时更倾向于使用电子资源。表明,他们已经接受了电子资源的出版形式,更具备了获取电子资源的能力。[①]

Haglund 等以问卷的方式对瑞典 3 所大学 30 岁左右的教师进行了调查。研究发现年轻的教师在获取信息的过程中更喜欢使用 Google,他们认为通过 Google 能够直接获取他们想要的一切信息,而图书馆的使用相对 Google 而言还是比较复杂的。[②]

针对不同地区教师信息行为进行研究和比较分析,李军与石德万发现,教师查询信息的途径主要集中为利用馆藏纸质资源、利用馆藏数字资源、搜索引擎、专业网站、外校资源、熟人帮助、同行交流、自行购买等相关属性。他们通过调查发现,到图书馆利用馆藏纸质资源的教师与通过网络利用馆藏数字资源的教师之间具有显著正相关。利用搜索引擎频率高的教师,其通过专业网站获取信息频率也高。[③]

罗小芬的调查统计结果显示:超过 60％的教师通过图书馆数据和网络资源查询信息。教师所教授的专业与信息查询途径有一定相关性,例如自然科学领域的教师更偏好电子资源,人文社科的教师对纸质资源更加喜爱。此外,较少教师到图书馆查询信息。[④]

李凌云在调查中发现,教龄与教师信息查询主动性具有相关性,

① Hannah Francis. "The Information—Seeking Behavior of Social Science Faculty at the University of the West Indies, St. Augustine Campus". The Journal of Academic Librarianship, 2005, (31), p. 67-72.

② Lotta Haglund, Per Olsson. "The Impact on University Libraries of Changes in Information Behavior Academic Researchers: A Multiple Case Study". The Journal of Academic Librarianship, 2008, (34), p. 52-59.

③ 李军,石德万:《地方高校教师信息行为相关性研究》,《图书馆学刊》,2015 年第 1 期,第 6—9 页。

④ 罗小芬:《高校教师信息行为研究——以广西科技大学为例》,《图书馆学刊》,2013 第 5 期,第 23—25 页。

即教龄越长的教师,其信息检索需求与能力均偏低,而教龄越短的教师,其信息检索欲望越强烈,检索结果也更准确。[①]

综上所述,可以发现教师的信息查询具有趋向性,特别在互联网环境下的信息查询过程。从信息选择角度来看,教师选择信息的标准是相关性与适用性;从信息获取角度来看,教师基于所查询信息的便捷性和易用性考虑,本着省力原则,通常会首选网络资源。另一方面,随着教育水平的提高,教师信息检索技术培训也得到普及,所以低教龄教师相比高教龄教师求知意识更强,更愿意通过新手段新方法获取信息。

②教师信息利用行为

获取信息的目的是有效地利用信息,使其面临的问题最终得到解决,是信息行为的最终目标。教师获取信息的目的是有效地利用信息,顺利地完成教学任务。因此,教师的信息利用行为与问题的解决是紧密联系在一起的。在教师的教学活动中,解释是信息加工的核心环节。解释,就是变不可理解为可理解而进行的思考和陈述,教师思维主体一旦接受了某一信息,就开始了对它的解释。

在具体的教师教学过程中,教学内容往往会转换成各种载体的信息,与各种感官发生相互作用,而物与人的相互作用有时还要靠人与人的相互作用来促进和加强,这是一个复杂的联系和相互作用的过程。其中包括课前信息转换行为、课上信息交流与转换行为和信息增长行为等。

课前的信息转换行为——备课。一般说来,教学过程是由教师传授知识、输出信息开始的。实际上,教师在授课之前就开始了信息

---

① 李凌云、工海军、黄燕:《小学教师网络信息行为个案研究》,《教学与管理》,2014 第 6 期,第 67—69 页。

的转换行为,也就是通常所说的备课。教师在备课时所采用的一般都是单向的信息通讯模式,他必须把所要讲授的内容转换成语言、文字、符号、图像、录音、录像、计算机编码等,然后进行编码、加工、处理,确定用哪些方法和手段来传输这些信息是最有效的,分哪些步骤来传递,最后写成教学计划或教案。

课上信息交流与转换行为——课堂教学。课堂教学是师生之间交流和转换信息的活动。教师应该想方设法创造符合教学要求的学习环境和条件,排除与教学活动不相关的干扰,发挥学生的主体作用,让学生通过自己各种感官的观察、操作、体验等,开展积极的思维活动,把各种载体的信息转换成自己的知识技能,有序地存贮在记忆中,丰富自己的知识信息库。课堂教学既是交流和转换信息的重要场所,也是检验交流和转换信息成效的关键时刻。教师和学生都要认真发现和搜集对方发出的与教学活动有关的信息,进行认真的编码、加工分析,发出新的指令,调整自己的活动,使信息的交流和转换活动取得积极成果。

课后信息增长行为——教学效果。教学过程是把信息看作未知和已知的结合,输入信息都要通过信息库与学生的基础知识结合起来,并在此基础上创造新知识,达到理想的教学效果。因此,教学信息的有效传递,不是信息的减少,也不是数量不变,而是有所增加。要使信息转换为学生的知识,就应规定新的教学信息与已有的知识储备之间的逻辑联系。在教学过程中,输入信息与基础知识的并存性,是信息转换为知识的基本条件。基础知识、信息、新知识,由一个能动的、有意识的思维过程结合起来,形成新的知识结构。这种结合,不是已有知识和新信息的简单叠加,而是众多认识(直接和间接)的复杂合成。

（2）科研人员信息行为分析

①科研人员信息查询行为。

科研人员的信息查询行为大多是围绕课题进行的。在立项阶段，科研人员需要获取国内外最新的研究方向、背景、动态、水平和发展趋势及研究价值和意义等方面的信息。在课题进行阶段，科研人员要通过信息选择和检索，了解课题所要解决的问题和解决问题的具体方法。在课题检验阶段，科研人员需要获取课题成果应用方面的信息。在研究课题的各个环节中，科研人员的信息检索策略、数据库资源的选择、检索手段的应用等方面因素均会影响以课题为中心的信息资源的选择与检索。

H. J. Voorbij 对荷兰某高校科研人员的信息查询行为进行了调查研究。结果显示，大多数的科研人员会使用 Internet 来学习和工作，但他们只使用 Internet 查找一些概括性的、事实性的、短暂的和细节的信息等，将 Internet 视为一个辅助工具，而不是印刷型资源的替代物。他们很少使用高级检索，一般以初级检索为主，在检索信息时会遇到一些难题，需要帮助和指导。[①]

S. Serap Kurbanoglu 调查土耳其大学科学、工程、社会科学及人文科学科研人员的信息查询行为。结果发现工程人员与科学家最喜欢从期刊上获得新知，而人文学者则从书上获取所需信息，工程人员与科学家偏好第一手资料，社会科学家及人文学家则偏好从百科全书与指南的途径查找需求信息。

沙勇忠、阎劲松曾对科研人员的网络信息查询行为做过专门研究，得出科研人员的专业信息查询占所有信息行为的比重达到了约

---

① Voorbij，Henk J. "Searching Scientific Information on the Internet：A Dutch Academic User Survey". Journal of the American Society for Information Science，1999，50（7），p. 598—615.

59.8%。说明科研人员对网络信息的需求带有很强的专业化倾向，他们的信息查询行为主要服从课题研究的需要。①

综合来看，随着互联网及数字资源的普及与发展，科研人员越来越倾向于通过网络检索文献，但是仍然习惯通过纸质文献进行阅读。尽管科研人员使用的信息搜索工具种类很多，但最常使用的工具是综合性搜索引擎（如 Google 等）、图书馆网站和目录等检索工具。科研人员对信息搜索工具的利用符合长尾理论，他们将期刊论文当作科研过程中最主要的资源。另外，通过对不同学科科研人员信息查询行为的比较发现，不同学科领域的科研人员信息查询行为也存在一定的差异。自然科学领域研究人员普遍重视信息源的可获得性。因此相较于传统纸质文献，自然科学领域研究人员更倾向于易获取的数字资源②。在人文社科领域，尽管电子期刊受到热捧，但全文纸质文献依然受到研究人员的喜爱。

②科研人员信息利用行为。

信息的利用行为是贯穿科研活动始终的信息行为。在课题申请阶段，科研人员需要通过阅读已获取的相关文献信息资料来寻找研究问题的切入点，通过分析理清研究概念、研究思路撰写研究综述；在课题研究阶段，需要随时关注获取最新领域文献信息资源，通过学习借鉴提升自己的研究方法、革新研究思路；在成果应用阶段，科研人员需要对研究成果进行信息复核以支持专利申请、项目结题等文书工作。可见，在整个研究中科研人员都需要不断获取相关领域的前沿信息，通过利用最新文献信息资料来全方位地跟踪、了解课题的

---

① 沙勇忠、阎劲松、苏云：《网络环境下科研人员的信息行为分析》，《情报科学》，2006 第 4 期，第 485—491 页。

② J. Tan. "Grounded theory in practice：Issues and discussionfor new qualitative researchers". Journalof Documentation，2010，(66)，p. 93—112.

研究进展情况。

(3)学生信息行为分析

①学生信息查询行为。

目前高校学生的信息行为,无论是网络信息行为还是图书馆信息行为,都鲜明地显现"90后"大学生的时代特征。首先,信息获取的来源、方式及渠道趋向于网络化。当代大学生信息需求频率高,且多样化,面对问题的时候一般需要通过获取信息来解决问题。"90后"大学生在查询信息资源的方式上,除了文献资料与相互间交流及图书馆资源外,互联网俨然是他们信息查询的首选方式与渠道。网络的便捷性与不断更新的信息资源,与大学生要求查询信息资源的快速、便捷、更新率高的心理需求特征相符,互联网已经成为现在大学生查询信息资源最快捷的方法与最重要的渠道。其次,对搜索引擎的依赖度高。网络时代,通过搜索引擎查询信息资源,不但信息资源多,而且信息量大,现在的"90后"大学生都具有较长的网龄,接触网络的时间较多。据统计,百度、谷歌、雅虎等搜索引擎是学生最为常用且使用率最高的工具之一。此外,各种网站因信息采集与处理较规范,信息更新快,能给学生提供论坛等多种服务,也逐渐成为学生查询信息资源的首选渠道。但是,长春工业大学图书馆通过对该校学生过去几年中使用图书馆及信息搜寻利用行为的观察发现,学生在检索时存在选择单一检索途径,采用单一检索词,不习惯就所找到的信息找寻更多的检索线索等问题。总之,电子资源已成为学生不可或缺的资源,但是学生的检索能力较弱,不善于选择合适的检索工具、确定适当的检索词和制定有效的检索策略,对于检索结果也缺乏认真的评估。

②学生信息利用行为。

学生查询信息主要是为了课程学习、兴趣爱好及就业指导。在课程学习方面,学生通过检索和阅读课程相关的书籍、辅导资料、网络课程资源来完成课程作业、通过课程考核、完成毕业设计、开拓专业视野、提高专业素养。在兴趣爱好方面,学生根据自己的个人喜好查询课外文献资料来满足自己对未知领域的探索热情,同时提升自己的综合科学素质。在就业指导方面,学生通过分析、鉴别、处理所获取的就业信息来解决就业信息需求的相关问题,发现潜在的就业信息源,并制定相关就业信息策略。

三、优势专业背景下学科服务定位

1. 高职院校图书馆学科服务实施的必要性

开展学科服务是高职院校创新教育教学改革发展的必然要求。高职院校创新教育教学改革发展以及高素质人才的培养,离不开图书馆丰富的文献信息资源。高职院校图书馆建立学科馆员制度,针对教师与科研人员的需求、学校学科与专业建设、市场需求与职业岗位等开展学科服务,可帮助教师准确了解国内外创新教育教学改革发展的情况及最新教学科研动态与社会需求的新变化,实现知识、技术和文化创新,可促进高职院校创新教育事业的发展。

开展学科服务是高职院校新建学科及专业建设的需要。为适应市场的需求,提高学生的就业机会,高职院校会增设一些新兴专业,而这些新专业的设置,对图书馆现有馆藏资源体系建设提出了新要求。通过开展学科服务,能增加学科馆员与师生尤其是与专业教师的沟通,协助图书馆制定文献资源采购计划,优化馆藏结构,提高馆藏质量。

开展学科服务是提升图书馆地位的重要途径。多数高职图书馆规模小、专业人员素质低,在传统图书馆服务、馆员队伍建设等方面比较薄弱。在图书馆发展转型的关键之际,高职图书馆开展学科服务,不仅有利于实现由传统型服务向知识型服务转变,而且有利于充分挖掘馆员潜力,发挥馆员的主动性和工作热情,从而实现馆员自身的发展,提升图书馆地位。

2. 高职院校图书馆学科服务内涵

高职院校图书馆在开展学科服务之前,首先要了解掌握专业建设的特点,特点决定信息需求,知己知彼才能从容组织学科信息资源,确保信息资源的质量。

高职教育的一个特点就在于它的职业性,高职院校人才培养目标是以市场需求和社会经济发展趋势为导向,培养具有较强实践操作能力的高技能人才。学科建设瞄准的就是学生职业能力的培养,针对职业岗位要求,结合校企合作的模式,图文并茂讲解职业工具的原理和操作规范。学生经过在校课堂学习和合作企业顶岗实习,能较为熟练掌握操作技术,成为一名准成熟的职业人员,进入企业岗位就能立即进入角色,做到毕业和就业的无缝对接。因此,职业性是高职学科建设的重点。

专业建设是高职院校的核心任务,培养打造专业特色,是增强学校社会影响力和竞争力的途径。打造优势专业特色的关键在于专业人才培养的个性化和特殊性。培养的人才具有鲜明的专业个性和特点,理论知识扎实,职业技能过硬,善于思考问题,职业过程中不仅能操作,而且能形成知识积累和创新,改进工具设计缺陷,升级工具功能,探索并形成新的操作方法,提高生产效率,为企业创造新经济效益。这样的毕业生就会成为职业市场的佼佼者,会受市场欢迎,在竞争中占据优势地位。优势专业建设的个性化和特殊性是其自身建设和市场竞争的必然需要。

专业建设瞄准的是社会需求以及经济发展趋势,根据社会需求和职业前景进行优势专业建设。而社会需求和职业前景是不断变化的,过时而缺乏职业前景的专业要及时调整。适应性特点是专业建设适应科学技术发展和社会经济发展的必然结果,只有符合市场需求的专业,才能形成新的竞争力,推动高职院校的迅速发展,提高学生的就业能力和创新能力。

优势专业建设的目标是为社会培养有专业技能的应用型专门人才,虽然它的科研含量、科研力度以及有关成果可能会与本科院校的重点学科有距离,但它在教学改革、应用型技术人才培养和学生就业指导等方面,都有独特的优势,是建设重点。因此,高职院校图书馆学科服务,不但要做好日常的基础服务,还应该积极配合专业的教学、人才的培养、学生的就业,支持优势专业的科学研究和教学改革,提升图书馆服务的整体水平。

高职院校图书馆学科服务在服务理念、服务目标、服务策略、业务流程和组织结构等方面都要体现出以用户为中心和用户参与的用户化特征:①服务理念用户化。视用户为最重要的资源,将"读者第一""以用户为中心"内化到图书馆文化中,"为用户服务"成为图书馆员工的共识和自觉行动。②服务目标与功能用户化。把学科服务人员的个人目标、学科服务的团队目标和图书馆、学校的组织目标以及专业建设目标融为一体。服务目标是用户满意,建设可持续发展的学科资源、提升图书馆的形象和地位是满足用户信息需求的副产品,功能是为用户提供改善个人信息环境的方案。③服务方式与服务策略用户化。提供个性化、可定制的灵活服务,满足用户的个性化需求。④业务流程用户化。更多地邀请用户参与学科服务流程中,在文献资源建设、信息组织、信息推荐与共享、系统设计和服务评价等业务流程中都邀请用户参与,从而提供真正令用户满意的资源和服务。⑤组织机构用户化。通过多种方式使用户参与学科服务的提供和管理;改革科层制组织结构,优化学科服务团队的组织结构,培养令用户满意的学科馆员和服务团队。⑥服务手段用户化。将图书馆的资源、服务、技术和人员从多层面嵌入用户的联结内容中，嵌入用户的个人信息空间提供方便易用的服务，嵌入用户的社会网络建立良好的互动关系，从而满足用户的信息需求，全面支持用户的教学、科研和学习活动。

第四章　优势专业背景下的学科服务策略

　　《普通高等学校图书馆规程》第二条规定："高等学校图书馆（以下简称"图书馆"）是学校的文献信息资源中心，是为人才培养和科学研究服务的学术性机构，是学校信息化建设的重要组成部分，是校园文化和社会文化建设的重要基地。图书馆的建设和发展应与学校的建设和发展相适应，其水平是学校总体水平的重要标志。"正如《普通高等学校图书馆规程》的规定，高校图书馆主要面向学习、教学以及科学研究三大类需求，提供信息素养教育和信息支持服务。本章将从优势专业用户的三大类需求出发，分别研究高职图书馆面向学习、教学和科研的学科服务。

第一节　面向学习的学科服务

一、基于网络的自主学习平台建设

1. 当代高职生的学习特点

　　互联网的普及和信息技术的飞速发展为教学和学习提供了强大的技术支持，从而带来了学习环境的巨大变化，催生了 E-Learning、数字化学习、移动学习与泛在学习等一系列新的学习方式和学习理念。当代网络环境下高职生的学习主要呈现出以下新特点：

第一,学习的泛在性。当代学习环境充分利用因特网、互动电视、视频会议系统和移动设备等最新技术设备,使学习能够突破时间和空间的限制,实现了随时随地地学习。信息技术能够最大限度地将硬件、软件和人的学习环境联系起来,将学习环境与家庭、工作场所和社区联系起来,将学习与人们的工作和生活有机整合在一起,为终身学习提供了可能。

第二,学习内容的个性化。智能移动终端的私有性和学习者的个体差异决定了移动学习的个性化特点。学习者可以根据自身情况选择学习内容,并制定适合的、切实可行的学习目标和学习进度,在合适的时间和地点以最适合自己的方式进行学习。

第三,学习过程的互动性。最新技术的运用为教师和学生之间以及学生相互间的信息交流提供了方便。学习者与教师之间、与其他学习者之间都可以通过移动网络的多种渠道,使用文本、语音、图像或视频等媒介实现同步或异步的交流互动,从而促进课堂实时互动、探索和发现、协作交流,有利于培养学习者创造性地自主发现、自主探索及团队协作,增进师生之间的深入了解。此外,无线网络技术还为学生的学习提供了方便及时的反馈条件,能够使学习者在学习过程中提出的问题得到及时答复和解决,其学习效果也能得到及时反馈。

第四,学习方式的多样性。数字化学习、移动学习等多种先进的学习方式能够极大地改变课堂教学模式和功能,促进某些教育目标的实现。在教育界有混合学习(Blended Learning)之说,李克东教授认为混合学习是对面面教学和在线学习两种学习模式的整合,以达到降低成本、提高效益的一种教学方式①。由于教育发展的不平衡性和需求的多样性,一方面,各类新型学习方式将不断发展,并催生更多更好的学习方式;另一方面,传统的课堂教学仍将长期存在。

2. 高职生自主学习现状

高职生刚刚从高中的应试环境中走出来,他们在自主学习方面常存在以下问题:一是自主学习意识不强,尤其是不能按照学习目标监控学习过程;二是不够重视短期学习计划的制定和课堂内容的学习,忽略了过程性评估的作用;三是运用学习策略、合作学习等能力还有待提高。针对学生自主学习过程中出现的问题,高职院校应积极改革教学模式,依托图书馆丰富的馆藏资源来建立"自主学习平台",加强师生相互交流,促进学生自主学习,从而培养学生的自主学习能力。

3. 基于网络的自主学习

基于网络的自主学习是指学生利用校园网、Internet 技术及教育资源库等网络媒体,在教师的帮助和引导下,发挥自身的积极性和创造性,自主利用网络学习平台的各种资源,调控自己的认知、动机和行为以达到最优化学习目标的学习过程。基于网络的自主学习平台一般具有以下五大特性:(1)辅助性。教师可以通过自主学习平台上传课程资料,帮助学生课前预习和课后复习,拓展课程内容,与传统的课堂教学相辅相成。(2)自主性。自主学习平台能够让学生根据自身的学习情况,制订学习计划,选择学习资源,控制学习进程,提高学习效率。(3)重复性。借助自主学习平台,教师可以将录制的课程视频、课件等上传到平台上,实现课堂再现,使学生在课后可以进

---

①　李克东、赵建华:《混合学习的原理与应用模式》,《电化教育研究》2004 年第 7 期,第 1—6 页。

行二次或多次学习。(4)开放性。相对于传统教学受到教材和课堂时间的约束,网络学习平台则为学生提供开放性的学习环境,扩展课程内容,满足学生的需求和个性展示,激发学生的学习兴趣。(5)交互性。自主学习平台可以突破师生交流的时间和空间限制,让教师充分了解学生的学习状态和学习效果,更好地把握教学难点和安排教学计划,匿名交流还可以减轻学生的心理压力,增强参与度,促进自主学习能力的提高。

4. 高职图书馆基于网络的自主学习平台功能模块设计

高职图书馆可以把与学习有关的音频、视频资料及图书等馆藏资源进行整合,搭建自主学习平台。该平台按照功能可分为学生信息管理、资源信息、学习测试等三个模块。

(1)学生信息管理模块:该模块以学生的基本信息表为核心,是实现个性化服务的基础和前提。学生信息主要包括个人信息、学业信息、管理信息、关系信息、偏好信息、绩效信息等。

(2)资源信息模块:学习资源(主要包括电子图书、电子期刊、磁带、光盘等不同载体的学习资源)、教学资源(如教学视频、课件、课程知识点、作业信息、考试信息等)、答疑库(主要是指教师与学生交流疑难问题的论坛)。

(3)学习测试模块:学生可以使用本模块,通过学前测试结果了解自己当前的认知水平,以选择相应的学习内容;通过学后测试结果了解自己对知识的掌握情况,以选择重复学习内容或寻求帮助,或者选择新的课程内容进行学习。

二、基于毕业设计的信息素养教育

个人电脑、宽带、智能手机、慕课、移动图书馆等,毋庸置疑,在这个信息技术带来教育与教学变革的时代,信息素质的缺失必然导致学习者无法自如享用现代技术所提供的海量知识和技能,错失很多学习和接受教育的机会,会带来学习效果的巨大差别。因此,信息素质的培养在高职院校人才培养中,起着不可低估的重要作用。联合国教科文组织指出,只有具备信息素质的人,才能实现有效的终身学习,成为知识经济时代所需要的学习型、创新型高素质人才。随着信息科学成为自然科学、社会科学之后的又一大显学,信息素养教育已经成为人才整体素质的重要内容。

然而,毕业设计是高职院校综合实践教学活动,它集中体现了高职学生的调查研究能力、思维写作能力及信息分析和利用能力,是高职人才培养质量的一个检验指标。良好的信息素养是提升其质量的催化剂,对提高学生毕业设计能力起着至关重要的作用。

1. 毕业设计质量与学生信息素养水平之间的关系

较高的信息素养水平是保证毕业设计质量的前提。在毕业设计过程中,高职学生需要通过搜集、分析,利用相关专业信息,通过调查研究,提出设计方案,并在实验和数据处理的基础上撰写毕业论文。信息素养较高的学生在毕业设计中往往表现出较强的逻辑思维能力、发现问题和解决问题的能力、归纳分析能力。毕业设计的质量也随着学生信息素养的提高而上升。由此可见,信息素养的培养是高职毕业设计改革的先决条件,是提高毕业设计质量和效果的前提。

毕业设计改革是促进学生信息素养提高的动力。作为实践教学的一个环节,毕业设计是学生综合运用所学理论和技巧,实现在校学习和职业岗位对接,提升就业竞争力的一个重要内容,是培养学生理论联系实际能力,锻炼学生独立工作能力的有效手段。为了较好地完成毕业设计,学生会主动收集信息、获取新知识、分析问题、解决问题,激发独立思考和创新意识,不断提高自身的信息素养水平。

2. 从毕业设计视角,看高职学生信息素养教育现状

(1)高职院校信息素养教育重视程度仍不理想。高职院校对信息素养教育重视程度不够,往往重学生专业技术知识和职业技能的培养,轻综合素质教育,特别是信息素养教育。90%以上的高职院校没有开设"文献检索"类课程,即便是开设了此类课程的院校也处于起步阶段,对教学手段、教学内容及教学模式的研究还远远不能满足学生学习需求,未能形成具有高职特色的信息素养教育体系。

(2)高职院校信息素养教育不够完善。一方面,许多高职院校的信息素养教育主要集中于计算机基本操作能力的培养,有些能够重视培养学生的检索技能、介绍馆内资源,但对于信息素养的其他部分如信息知识、信息意识、信息伦理等涉及较少;另一方面,由于教师本身信息素养水平有限,在教学中无法将专业教学与信息素养教育相结合,不能满足学生的专业化、个性化需求。因此,各高职院校毕业设计普遍存在着选题范围狭窄、缺乏原创性和创新性、设计方案逻辑性较弱等问题。

(3)高职学生信息获取能力较低。学生在获取信息时,大多数选择纸质资源,只有少数的学生能使用数据库检索信息,其中会使用外文数据库的学生少之更少;到图书馆查找资料时,大多数学生不熟悉图书馆资源的分布情况,需要图书馆工作人员的协助才能找到所需的信息资源。由此可见,高职学生获取信息资源的能力较低,从而导致毕业设计中的参考资料专业性不强。

(4)高职学生信息筛选能力较差。随着信息检索技术的智能化、简单化及信息获取方式的多元化,信息资源数量骤增、类型繁多、价值不一。面对浩瀚如海却又良莠不齐的信息资源,绝大多数高职学生筛选、分析与评价信息的能力还处于较低水平,无法从众多信息中挑选出对自己有用的信息,还不能有效剔除虚假、无用、重复信息。

（5）高职学生信息道德意识缺乏。信息道德是指信息创造者、信息服务者和信息使用者在信息活动中普遍认同和共同遵守的符合社会一般要求的行为和伦理规范，它主要涉及隐私问题、正确性问题、产权问题和存取权问题。高职学生普遍缺乏基本的信息道德意识，信息安全法律知识匮乏。学生在毕业设计中常常出现过度引用，不引注、少引注的现象，甚至还会出现弄虚作假、抄袭剽窃等行为，大段大篇幅地抄袭拼凑，有些甚至全盘照搬网上或数据库的文章，应付交差了事。

3. 基于毕业设计的信息素养教育策略

（1）加强图书馆信息资源建设，实现信息资源共建共享。信息素质教育离不开图书馆丰富的文献信息资源，尤其是与专业课程息息相关的专业信息资源。因此，高职院校图书馆应紧密围绕学校的性质和设置，根据人才培养目标，结合岗位应用能力和职业技能的要求来制定符合本院校专业特色和发展规划的文献资源发展计划，配置不同类型文献比例，加强网络资源建设，构建科学合理的文献信息资源保障体系。

（2）重视信息素养教育，开设"文献检索"课程。"文献检索"课是高职院校培养学生信息素养的有效途径之一，其目的是增强学生的信息意识，培养学生收集、整理、加工和分析信息的能力。目前，许多高职院校还未开设这门课程，有些只是作为公共选修课，对其投入的教学经费、师资力量等都无法与其他专业课程相比，无论是学校、教师还是学生，对这门课程的重视程度远远不够。普通高校"文献检索"课程的教学内容主要与科学研究相关，所涉及的资源和问题对于高职学生来说过于艰深和广泛，与高职学生学习和工作关联性不大，缺乏针对性的教学内容，导致高职学生缺乏学习兴趣和热情，"文献检索"课不能达到满意的教学效果。因此，高职院校的决策层，要树立信息素养教育的理念,充分认识"文献检索"课程的重要意义,高度重视其课程教学,将其纳入学校的课程体系、教学计划以及专业人才培养方案中。同时,应鼓励和支持课程组教师,投入课程建设和改革创新,使其成为提高学生信息素质的重要载体。

(3)提升教师信息素养,实施"教师—馆员"协作教学模式。自身缺乏信息素养和创新能力的教师难以胜任毕业设计的指导工作,只有教师具有较强的信息意识,较高的信息检索技能和信息分析能力时,才能较好地结合自身的专业知识指导学生的毕业设计,提升学生在毕业设计中的信息检索能力,培养他们的创新意识。为了使信息素养教育达到更好的教学效果,提高毕业设计质量,高职院校还可以实施"教师—馆员"协作教学模式,通过教师与学科馆员的合作,将信息素养教育嵌入本专业的毕业设计环节中。"教师—馆员"协作教学模式是双重的,既有学科馆员结合教师的专业研究方向和特点,提供相关的咨询和可直接用于课堂教学的信息素养教育素材等,也包括教师邀请学科馆员参与本专业的教学团队,根据本专业的课程要求设计学生信息素养培养方案,或针对本专业的毕业设计,讲授相关信息检索方法,演示信息检索过程等。教师与学科馆员协作教学的实施,能够弥补专业教师信息素养的不足,将信息素养教育与专业课程紧密结合起来,二者相辅相成,提升教学质量。

(4)发挥学生内在能动性,提倡信息素养自我教育。自我教育是高职学生信息素养教育的主要方式之一。在信息素养教育过程中,要实现信息素养的自我教育,就必须提高学生的自我约束能力,增强学生的学习自主能力,帮助学生抑制厌学和反叛情绪,积极鼓励学生发挥自身的内在能动性,树立正确的信息道德意识,主动回避和抵制不良信息。要主动利用先进的信息技术手段,收集相关的专业信息资源,以便更全面、更深刻地了解所学的专业领域,积累深厚的专业知识,最终实现毕业设计改革。

总之,要想克服高职学生毕业设计中出现的"拿来主义"、急功近利的现象,就必须以学校政策为支撑,以"文献检索"课程为导航,在教师的精心指导下,充分发挥学生的主观能动作用,逐步提升信息素养能力,实现毕业设计的改革创新。诚然,提升信息素养能力,不仅是为了撰写毕业设计,更是为了高职学生紧跟信息时代的发展,更好地应对今后的工作和生活;促使他们端正学习态度,树立终身学习的观念,自觉关注信息素养教育的新内容,不断丰富原有的信息知识,逐步提升信息素养水平。

三、基于就业创业的信息服务

就业创业的信息服务是一个社会的信息系统工程,它需要融合汇总各级政府的政策信息、区域经济发展信息、企业的劳动力结构信息、高校的人才培养信息、就业创业市场信息等诸多信息,表现出社会性、复杂性、系统性和实践性,需要对社会经济发展、产业结构调整、就业创业市场竞争度、劳动力市场结构、高校专业设置、就业创业心理、能力等诸多因素进行研究分析,需要高校图书馆与社会各界的广泛合作才能完成。围绕着毕业生就业创业服务,高职图书馆可以开展就业创业咨询、职业生涯设计指导、职业心理测评、企业招聘技巧辅导、企业家讲座、企业旅游、创业体验等相关服务,使图书馆的就业创业信息资源得以充分的活化和转化,满足学生在就业创业方面多样化、个性化需求。

1. 校内部门合作

目前在高校管理系统中,掌管高职生就业创业的机构是就业指导机构。高职图书馆可以通过与就业创业指导机构合作,了解掌握国家及地方政府关于大学生就业创业的政策信息、市场最新动态、岗位招聘信息、大学生就业创业意愿、各院系大学生就业创业典型事迹等信息，并将这些信息汇总整理，进行深入研究，然后通过简报、网络、广播、讲座等形式，为高职生提供就业创业信息服务。通过合作性和创新性的项目、服务等资源，教育与引导学生积极地规划未来，促使他们成为社会的有用人才。

2. 与人力资源管理机构合作

高职图书馆通过与人力资源管理机构合作，了解区域经济发展情况、行业人才需求走向、区域内大学生就业创业情况等，通过对这些信息的分析研究，一方面为高职学生提供更加全面、更加精准的就业创业信息咨询；另一方面将信息咨询报告提供给高校管理层，为学校领导在进行专业设置、人才培养模式等方面决策时提供参考依据。高职图书馆应充分利用图书馆的网络信息资源优势，与政府部门网站、可信度高的企（商）业网站、私人网站和高校就业指导中心网站链接，以便学生了解整个就业市场高校的就业情况，通过各网站就业信息的聚合，将大量的支离破碎的就业信息与数据进行归纳、综合、分析，形成学校就业信息数据库，提高就业信息资源建设的数量和质量，促进毕业生更好地利用图书馆网站网络就业信息资源。

3. 与其他高校网站合作

当代毕业生偏向于通过网络搜寻信息，实现就业。网络已经成为高职生实现就业创业的重要途径。高职图书馆可以通过与其他高校网站开展就业创业信息交流合作，进行信息链接，形成区域就业创业信息中心。同时可根据院校自身办学特点、专业设置、人才培养模式，对其中的信息进行筛选、序化整理，形成针对性较强的专业信息服务。还可以通过就业联盟，在大学生就业创业信息服务领域进行信息交换、合作研究，扩大信息的采集范围，提高信息的服务水平，实现信息的共建共享。

第二节　面向教学的学科服务

一、嵌入课堂教学的学科服务

教学是高职图书馆学科服务领域之一,课程是高职教学的基本单元,一个学科由若干个专业课程构成,通过支持专业课程教学服务比较直接地将馆藏资源和知识服务无缝地融入教学过程,更能体现学科服务宗旨、实现学科服务的目标。嵌入课堂教学就是图书馆将学科服务融入教学一线、与专业课程相整合,把图书馆及其资源的利用作为教学课程目标的有机组成部分,学科馆员与院系教师合作,在教师的教学活动中,根据授课教师的要求有针对性地开展与课程内容相关的资源推荐、文献检索、资料搜集等信息检索知识方面的教学。

1. 课前准备

课前,首先与主管领导、馆员沟通,选择馆内有"信息检索"课教学经验的学科馆员,与教师一起进行嵌入式教学实验。其次,学科馆员与任课教师面对面沟通,和教师共同讨论教学大纲、教学目标、教学细节、教学案例的征集和讨论,了解课程的授课对象、考核方法等,在教师与学科馆员进行深入研究和探讨、达到共识的基础上选定好任务,确定嵌入时机、课时及效果评估形式,确定融入课程式教学的教学方式、教学内容与学时数。学科馆员按照商定的课程要求精心准备教学课件。

2. 课堂讲授

目前国外讨论的课程整合方式主要包括完全方式和相关方式两种。完全方式指学科馆员对专业课的全面参与,包括教学目标计划的确定、研究性任务的设计、相关成绩的评定等自始至终的过程。学科馆员与教师协同上课,在教学活动过程中,学科馆员配合课程的需要提供讲义,专业课教师与学科馆员共同命题或设计作业,学科馆员配合教师的讲授内容进行任务的布置,对学生每步的操作结果进行考核。这种形式需要学科馆员有一定的学科背景与教学能力等,对学科馆员要求较高。相关方式指学科馆员对专业课或专业课教师进行信息素养教学部分或局部的介入,即独立性讲座。课程内容由教师和学科馆员共同设计,学科馆员配合课程内容讲授,课程考核的某个阶段有对嵌入式教学效果的考核。这种形式要求相对较低,对初次尝试融入课程式教学的学科馆员比较适合。

浙江金融职业学院图书馆(以下简称"浙金院图书馆")嵌入课程教学的学科服务,主要从图书馆纸质资源利用和数据库查询两方面入手。一方面,向学生介绍图书馆已有馆藏纸质资源的查找与利用,如图书馆的书刊检索方法、馆藏资源分布等。另一方面,根据专业课程内容,讲授相关专业数据库的检索方法。如针对商务英语专业课程,学科馆员会主要介绍外研讯飞外语学习库、新东方多媒体学习库、银符考试平台、冰果英语等专业数据库,为学生备考大学英语四六级及听说读写译综合技能训练提供素材。此外,还会讲解一些通用型数据库的检索方法并举例说明,如中国知网期刊全文数据库、万方硕博论文库、维普期刊数据库、人大复印资料数据库等,为其以后专业课的学习提供一个正确、便捷的查找资料方法,节约学习时间成本。

3. 课后评估

教学效果评估既是评价教学绩效的手段,又是改进教学方式、调整教学内容、提高教学水平必不可少的环节。因此嵌入教学成果鉴定服务是嵌入课堂教学服务的最后一个环节。目前评价信息素养教育的标准和方法很多,其中有综合性的评价标准和评价方法。如美国大学与研究性图书馆协会（ACRL）的《高等教育信息素养能力标准》提供了非常细致的评价指标体系；美国肯特大学研发的信息素养标准化评价项目，则提供了基于网络的信息素养测评标准办法。各学校可以根据自己的实际情况，有条件的可以参考国外的标准与对口学院一起制定适合本专业的信息素养评价标准，也可以直接借用国内外的相关标准进行本学科的信息素养评价。总之，信息素养评价要常规化，使之成为嵌入专业课程的有机组成部分。

二、嵌入网络教学的学科服务

1. 嵌入网络教学的学科服务现状

（1）教学资源建设缺乏长期规划

国内高校图书馆近年来不断加强教学参考资源建设。在本馆纸质资源订购和电子资源引进的基础上，注重对网络免费资源的整理和高校间的资源共建共享，如 CALIS 二期的教学参考子项目。该项目由复旦大学图书馆牵头，国内 52 所大学图书馆参与该项目建设。该项目的建设思路是在 CALIS 管理中心的统一领导下，各参建馆共同努力，将各校教学信息以及经过各校教师精选的教学参考书数字化；建设基本覆盖我国高等教育文理工医农林重点学科的，适应学科教学需要、技术领先、解决版权问题的教学参考信息库与教学参考书全文数据库及其管理与服务系统；提供师生在网上检索和浏览阅读。该项目包括教学参考书 2 万余种、出版社推荐的电子教参书 4 万余种。

近年来，不少高职图书馆建立了本校的重点学科导航库。这些导航库收集了本学科领域的一些核心研究机构、核心资源、专家学者等方面的免费资源，对于教师的教学有一定的参考意义。在重点学科导航库建设过程中，虽然图书馆也注意请相关专业教师参与建设，但仍然缺乏有效的用户评估机制,其学科导航资源与用户需求的契合度较低。

　　总之,国内高职图书馆在不断深化教学资源建设,但是在教参书数字化和教参信息搜集,以及重点学科导航库建设等方面还缺乏长久规划和持续发展。

　　(2)教学支持服务深度不够

　　国内高职院校逐渐从重视数字资源的基础建设转向重视服务主导型图书馆的建设,且越来越注重从用户角度来思考问题,提供更多的深入服务。近年来,国内高职院校非常重视资源整合服务,不少高职图书馆通过数据库导航、电子期刊导航、电子资源编目等方式,将图书馆复杂多样、跨平台的数字资源,通过多角度特别是基于学科角度进行组织和揭示,方便用户通过多种方式获取。不少图书馆还推出了跨库检索系统和资源发现系统,为用户一站式获取教学资源提供了方便。目前已有一定数量的高职图书馆开展了学科服务,通过学科馆员有针对性地为专业教师提供文献资源推介、信息素养教育、代查代检、信息咨询等多种形式的信息服务。总的来说,大多数高职图书馆推出的针对科研的服务项目较多,针对教学的支持服务相对较少,服务深度不够。

　　(3)未能有效嵌入教学系统

　　尽管国内高职图书馆在服务理念上已经发生了较大的转变,并努力地开展服务创新的探索,但在网络环境下,将图书馆的资源与服务真正融合到教学过程中的努力还不够,为教学提供的支持服务比较零散,缺乏总体规划,未能有效嵌入学校的网络教学系统。有的高职图书馆在进行教学参考书建设,有的只是提供了重点课程课件及网络资源导航。只有少数图书馆进行了将资源和服务嵌入学校网络教学系统的尝试。

2. 嵌入网络教学的学科服务策略

(1)加强用户合作,建设网络教学资源

教学资源是图书馆学科服务嵌入网络教学的基础。图书馆应该加强与用户及相关部门的合作,在教学参考书数字化、教学参考信息搜集、学科导航建设等资源建设中,邀请用户参与,保证资源建设真正为用户所需。同时,在资源类型上要加强电子教学参考书、电子课件和试卷数字化建设,在图书馆主页上设置电子教参书和电子课件栏目,征集教师的教参书信息,也为教师提供网络课件和教学资源。由于试卷资源往往比较欠缺,搜集也比较困难,图书馆可以通过购买含试卷资源的商业数据库,以及通过各种渠道搜集热门试卷进行数字化的方式,进行试卷资源建设,满足师生的信息需求。

(2)将图书馆资源和服务嵌入网络学习系统中

为了方便教师在教学过程中了解和利用图书馆相关服务和资源,图书馆可以将资源和服务作为一个整体,链接到网络学习系统中,在教学平台的界面设置图书馆主页的链接或者图书馆常用资源和服务的链接。可嵌入的资源链接有学科常用资源、图书馆馆藏资源目录、按照学科组织的数据库和电子期刊等。可嵌入的服务链接有学科资源查找指南、图书馆使用指南、文献传递服务、参考咨询服务、新书荐购、读者培训、意见反馈等。

(3)将课程资料和服务嵌入网络学习系统中

学科馆员可以协助专业教师直接在网络教学平台上提供图书馆购买的或网上免费的图书、期刊论文等电子全文链接,或将纸质资源扫描后提供电子全文链接;也可以利用部分数据库的 RSS 服务,预先输入与课程内容相关的检索式,设定为定题服务,将其 RSS feed 添加至网络教学平台上以便获取动态的相关资源;还可以为课程提供实时资讯服务,加强与师生的沟通,及时掌握和满足师生的信息需求。

三、嵌入实践教学的学科服务

高职教育实践教学是一种以培养学生综合职业能力为主要目标的教学方式,它在高职教育教学过程中与理论教学既定位不同,又相辅相成。实践教学主要通过有计划地组织学生通过观察、实验、操作、实习等教学环节,巩固和深化与专业培养目标相关的理论知识和专业知识,掌握从事本专业领域实际工作的基本能力、基本技能的教学活动。因此,高职图书馆的学科服务不仅要嵌入课堂教学中,还要嵌入实践教学环节。

1. 嵌入实践教学的必要性

(1)由高等职业教育的性质决定

通过实践教学提高人才培养质量是高职教育的鲜明特点,高技能是高职毕业生最外显的特征,但这并不意味实训就是基于纯技术性和行为主义的操作技能的简单塑造[①]。实训过程中,教师需要最新的技术信息指导教学、进行科研;学生需要了解技术发展动态,养成信息意识和创新精神。可见,高职院校图书馆必须把实训基地作为重要的服务阵地;否则,就会造成服务链条的中断,影响学校的教学科研工作。

(2)提高服务效益的重要途径

图书馆作为高职院校重要的办学条件之一,在评估、检查等一系列约束机制的作用下,馆舍、文献信息资源建设和现代化水平都得到了前所未有的发展。图书馆只有不断提高服务效益,才能赢得各方

---

① 蒋喜锋、刘小强:《必须全面理解高职实践教学的功能与意义》,《职业技术教育》2006 年第 1 期,第 90—91 页。

面的进一步重视,得到持续和长久的支持,实现健康和可持续的发展;而把服务拓展到校外实训基地是高职院校图书馆提高服务效益的重要途径。图书馆的文献信息资源中有大量企业急需的市场信息、决策信息和技术信息,为合作单位提供信息服务,不仅可以为企事业单位创造巨大的经济价值,而且可以借此提高图书馆的服务能力,为校企共建实训基地做出贡献。

(3)树立形象的重要平台

随着经济全球化和知识经济带来的影响,信息对企业在市场竞争中的作用日益重要。高职院校图书馆把服务拓展到实训基地,在为本院师生服务的同时,发挥信息资源和人力资源优势,积极为共建单位提供信息服务,是高职院校图书馆外树形象、扩大影响的重要举措。

2. 嵌入实践教学的学科服务策略——以浙江金融职业学院图书馆为例

(1)借助网络技术,构建行业服务平台

为了搭建一座与行业和社会的沟通桥梁,更好地履行重点建设校主动服务于社会和行业的承诺,达到优质教育资源的共享,在中国金融教育发展基金会的支持下,依托学校强大的金融职业教育师资力量和丰富的金融职业教育资源,浙金院图书馆构建了一个服务高职院校及金融行业的功能强大的综合性平台——浙江金融学术信息交流中心。

浙江金融学术信息交流中心是一个借助现代化的网络技术,将各类电子数据和信息提供给本校全体师生和经过认证的行业用户的经济教育平台和金融资源平台。它拥有内容丰富的数字信息资源,可以方便快捷地为用户提供信息服务。用户可以通过统一检索界面,对系统内的数据和知识库进行访问,并获取自己所需的信息资料。它为用户提供检索、阅读、下载、交流、馆际互借等常规及特殊要求的多渠道、全方位服务,为行业、社会、学院共生态、同发展提供一个由现代化技术支持的、不受时间和地域限制的平台。

"浙江金融学术信息交流中心"主要由"金融资源库""文献传递平台""参考咨询平台""学术交流论坛"四部分组成。金融资源库,根据学校、金融机构以及同类院校对文献资源的需求,增加和完善我院图书馆的各类资源,特别是将市场上所有的金融类数据库收录完整,力求建成省内最大最全的金融信息中心;同时对所有资源库进行整合,实现统一检索。文献传递平台,通过网络技术以及高清扫描技术,为用户提供纸质文献的传递服务,让用户足不出户便可获得数十万条的专业图书资源。参考咨询平台,充分发挥学校学科馆员的专业知识和业务能力,为用户提供专业的参考咨询服务。学术交流论坛,为用户进行学术交流提供平台,营造出良好的学术氛围。

"浙江金融学术信息交流中心"建成后,浙金院图书馆主动与校企合作单位联系,以"校友会"为通道,大力宣传和揭示图书馆的馆藏资源和文献优势。目前,已成为"浙江金融学术信息交流中心"用户的单位包括杭、甬、温、金、台、嘉等多家重点金融机构、各地校友会主要成员及 2012 年至今的历届毕业生等。

"浙江金融学术信息交流中心"的最终目标是以该项目为载体,主动为用户提供特色化服务,为本校的教学、科研,为行业、社会和区域经济提供更好、更新、更及时、多角度、全方位、立体式的信息服务,力求以点带面,以纵向带动横向,最终全面建立跨省区、跨系统、跨行业的图书馆信息服务网络。

(2)依托特色馆藏,打造"两个基地"品质

货币金融博览馆的前身为浙江银行学校钱币陈列室,2005 年,借学校 30 周年校庆之际,学院又投资扩建了陈列馆,增加不少珍贵

的藏品。货币金融博览馆主要展示中国货币发展的历史概貌，从实物货币、金属铸币、信用货币、电子货币等四个方面展示了我国的货币历史和钱币文化。该馆还列示了钱庄、储蓄所和电子银行等金融机构的演进历程，展示了欧美、大洋洲、非洲及亚洲周边国家的货币，介绍了钱币鉴别的基本方法。博览馆共设三大部分：货币展览、银行发展史、反假币与假币识别。经省银行业协会批准，该馆还开辟了人民币反假的专业网站，现已作为学校金融专业学生、大多数银行新员工培训和在职临柜人员必须通过的一项学习考核内容。

金融票据博览馆陈列展示的是明清时期、民国时期和中华人民共和国成立以来的各类金融票据实物，以及钱庄、银行结算工具。该馆共设八大展区，三部分展品。八大展区是明清展区、民国展区、算盘展区、现代金融展区、现代结算工具展区、金融文献展区、金融票据防伪展区、教学区。三部分展品是：第一部分为各种类型的票据，有清朝、民国、中华人民共和国成立至今的各种当票、借约、兑票、成票、信票、存单、存折、庄票、本票、汇票、支票、公债、期票、国库券、股票、信用卡等等；第二部分为清朝、民国、中华人民共和国成立至今的各种票号、钱庄、银行使用的账本钱箱、账簿、章程、印鉴、各种算盘、筹码、秤、对号牌照、印版等；第三部分为民国时期出版的部分金融文献。

浙金院图书馆依托货币金融博览馆和金融票据博览馆丰富藏品，积极探索金融文化与非物质文化遗产传承教学的结合，促进师生和行业人员进一步了解中国货币、票据历史，也为其学习、研究钱币与货币、各类票据史提供翔实的实物资料。自该馆成立以来，每年接待金融类课程实训学生和行业培训人员近千人次。货币金融博览馆2011年和2013年先后被列入"浙江省社科普及示范基地"和"浙江省非物质文化遗产传承教学基地"；同时，该馆也成为国家级"金融教学资源库特色资源中心"的一个部分。2013 年 5 月,在浙江省优秀传统文化教育普及活动中,货币金融博览馆作为"省社会科学普及示范基地",通过古钱币文化教育普及等优秀传统文化教育普及活动获得了浙江省文化厅、浙江省教育厅、共青团浙江省委员会、浙江日报社、浙江广播电视集团联合发文授予的"浙江省优秀传统文化教育普及活动先进集体"荣誉称号。2013 年 9 月,被浙江省社会科学界联合会授予"浙江省先进社科普及基地"荣誉称号。

第三节　面向科研的学科服务

一、嵌入科研的学科服务目标

1. 当代科学研究环境

(1)泛在知识环境

在通信技术、信息技术的迅猛发展下,泛在知识环境(Ubiquitous Knowledge Environment)以及由此提出的泛在图书馆服务日益普遍。泛在知识环境的概念是由美国国家自然科学基金会于 2003 年 6 月发表的《赛百基础结构实现科学与工程的革命》报告中首次提出。① 泛在知识环境不仅是一种综合性的知识环境,其通过借助通信、计算以及存储方面的优势能够最大化地利用人、设备、信息、数据等相关资源;它还是一种由人、信息资源、网络设施、硬件及软件等有机组成的新一代综合、全面的数字化信息基础设施。泛在知识环境下,学术研究呈现个性化、精细化、集成化、便捷性、及时性等特征,科研人员需要在研究过程中对学科研究的热点和前沿做出快速响应,

---

① 陈维军、李亚坤:《泛在知识环境下的图书馆》,《图书馆杂志》2006 年第 25 卷第 9 期,第 3—6 页。

由此促使图书馆为科研团队、人员提供无处不在的服务,节省时间,提高科研效率。

(2)虚拟研究环境

E-Science 概念最初是由英国人在 2000 年提出的,是指"在重要科学领域中的全球性合作,以及使这种合作成为可能的下一代基础设施"。它的实质是"科学研究的信息化,是信息时代中科学研究环境和科学研究活动的典型体现"。[①]

随着 E-Science 概念的不断发展,社会科学、艺术和人文科学也被吸纳进来,产生了 E-Research。要将对于信息技术处于不同认识阶段的分散在世界各地的科学团队和科学家组织起来,就需要一个开放的科研平台和一种解决方案,虚拟研究环境应运而生。虚拟研究环境(Virtual Research Environments,简称 VRE),英国科研与创新办公室虚拟研究组织专题研究小组将其描述为"一组能够不受组织边界约束来推动研究进程的联机工具、系统和操作方法"[②]。其主要目标是为分布在世界各地的科研人员构建起一个具有开放共享、分布协同和安全可控的网络化、数字化科研平台。它将帮助个体研究人员完成研究工作中日益复杂的研究任务,它还有助于跨学科、跨国界的研究组织之间的合作。VRE 帮助研究人员管理日益复杂的研究任务,支持各种规模的研究特别是跨学科、跨机构的研究合作,支持从资源发现、数据收集、数据分析、仿真、协同、交流到成果出版的研究管理和项目管理的全过程。当前,研究人员越来越依赖网络进行大范围的协作交流和大规模的数据获取与管理利用。

---

① 江绵恒:《谈科研信息化:现代科学研究面临两大挑战》,《中国科技产业》2002 年第 7 期,第 26—27 页。

② 苏建华:《虚拟研究环境(VRE)影响下的图书馆》,《情报资料工作》2009 年第 1 期,第 76—78 页。

泛在知识环境和虚拟研究环境的出现,不仅对科学研究的研究过程、研究模式和研究环境产生了深刻的影响,也对图书馆学科服务的现有模式和未来机制带来了深远的影响。图书馆的服务模式,一方面要积极应对变化的学术研究环境,从泛在图书馆出发,提供多种类型的服务,无所不在地融入研究过程;另一方面,从具体的需求出发,围绕学术研究过程,紧密对接用户的学术需求,推行学科服务为主线的专题性、个性化的嵌入式服务。

2. 嵌入科学研究的学科服务目标

目标是行动的指南,制定科学合理的目标是成功开展学科服务的前提。目前,不少图书馆对开展学科服务持怀疑态度,认为学科服务难以开展,即便设立了学科馆员岗位的图书馆也认为效果很不理想,这极有可能是因为他们对学科服务目标定位不够准确、清晰,过于笼统、宽泛。细化服务目标,了解用户需求,根据自身能力和条件,制定切实可行的服务内容,可以提高学科服务的可操作性,降低服务难度。在制定目标与任务时,既要考虑学校实际,又要考虑团队自身的情况,可以先在个别科研团队中试点,分别制定短期目标、中期目标、长期目标,分步骤、分阶段循序渐进地实现。

(1)短期目标:选定科研团队,搭建学科服务团队,明确科研团队信息需求,实现初步对接,形成合作关系。这一阶段主要任务是根据本馆的实际情况,选取学科科研实力强、信息需求大的团队为服务对象,搭建一个多学科背景、具有复合能力的高端学科服务团队。在制定服务内容的时候,可以先由学科服务团队集体商议,然后交由科研团队进行修改、补充。如,了解、跟踪科研团队的信息需求和科研情况,参与相关学科资源建设与推介,数据库培训,科技查新与论文查收查引,科研团队的科研数据管理等。

(2)中期目标:培育服务品牌,深化服务内容,实现两个团队的深度对接,形成亲密伙伴关系。在前期工作的基础上,加强与科研团队的交流、联系,适时、动态地掌握科研团队的需求。同时,可进行物理空间的嵌入及科研项目的全程嵌入等;对科研团队的新成员进行专项培训,形成服务品牌。此阶段还可以进行国内外同类科研团队科研成果的收集,网络资源的整理,研究动态的跟踪与撰写,学科信息导报的编辑等。

(3)长期目标:两个团队之间达到充分了解和信任,实现两个团队的融合。形成服务品牌,扩大服务效应,在更多的科研团队中推广。

二、嵌入科研的学科服务方式

1. 点对点方式:根据结构洞理论及优化结构洞的有效原则,在两个网络规模一样的群体中,要想与该群体保持联系,一种情况是投入很多的时间和精力与该群体内的每个人建立联系;一种情况是选择一个主要联系人,集中维持与这个关键联系人的关系,可以通过该主要联系人与该群体内的次级联系人保持联系[①]。为了节约时间和精力,学科服务团队在服务初期,可以选择科研团队中的一个成员作为主要联系人,这个联系人基本认可并愿意接受图书馆的服务,并在科研团队中具有一定的地位,能迅速传播和反馈团队的需求及服务。学科馆员要经常与他保持联系,及时了解科研团队的需求和反馈,进而与该团队建立相对稳定、有效的沟通和联系。通过这种方式,学科联络员与科研团队形成初步对接。

2. 点对面方式:主要联系人是重点联络对象,在与主要联系人

---

① 曹学艳:《基于结构洞视角的学科服务模式研究》,《图书情报工作》2012年第15期,第37—41页。

建立良好沟通关系的同时,与科研团队内其他成员的沟通与服务也应该是同步的。学科服务团队的每个成员应该根据科研团队的不同需求为其提供个性化服务。例如,可以通过问卷形式调查科研团队所有成员的需求,通过 OA、E-mail、QQ、Blog、网站和 RSS 等推送学科服务内容,包括 RSS、Notefirst、Noteexpress 等文献管理与分析软件的培训,新购学科资源推介,科研竞争力分析,学科核心期刊影响力分析等。

3. 面对点方式:在为科研团队提供学科服务过程中,往往不是某一个成员与用户的单点联系,而是团队作为一个整体为用户提供相应服务,通过学科服务团队对用户需求的了解,进行知识的收集、获取、筛选、整理,最终形成创新的知识产品提供给用户。面对点的协作方式是点对点协作方式的融合,通过多点协作、点面互通,最终为用户提供最符合其需要的知识内容。

4. 面对面方式:由于科研团队需求和科研项目的复杂性,学科服务团队往往需要群策群力,才能为用户提供解决问题的方案。面对面的协作方式就是学科服务团队与科研团队的协作过程,通过两个团队成员的共同努力,完成学科服务的全过程,两个团队之间达到基本融合。

三、嵌入科研的学科服务内容

在泛在知识环境和虚拟研究环境的影响下,对科学研究的研究理念、研究范式和研究环境都产生了深刻的影响。但在短期内,E-Research 还不能普及所有的科研机构和研究人员,在日渐数字化和虚拟化的科研环境中,学科服务仍然需要为传统的研究方式服务。

1. 嵌入传统科研过程

嵌入传统科研过程的学科服务,就是嵌入项目的立项、研究、结题和推广的全过程,提供持续、深入的服务。学科服务要了解研究人员的活动情况,积极嵌入研究的各个过程中。

(1)立项阶段

在项目立项阶段,研究人员需要查阅大量的文献资料,了解研究前沿和热点问题,全面把握学科方向的发展趋势、最新进展,以便发现并确立新的研究方向。同时,他们还需要了解同行与研究动向,以便寻找潜在的合作机会。因此,学科馆员应提供有针对性的信息素养教育与信息咨询服务,介绍相关信息源与信息检索工具的检索方法、了解科研前沿和获取科研动态的技巧、寻找合作伙伴的方法及文献管理软件的使用方法等,通过 E-mail、RSS 等方式进行相关资源推荐。

(2)研究阶段

在项目研究阶段,研究人员需要跟踪研究领域的最新进展,获取支撑文献,并利用相关文献确定研究方案与计划,再通过分析和利用研究数据来讨论和检验研究观点,最后撰写相关研究论文并发表。因此,学科馆员应提供文献管理工具和论文投稿指南方面的培训和指导,协助研究团队进行研究数据的搜集、组织和存档等工作,必要时提供研究方向的定题服务。

(3)结题阶段

在项目结题阶段,研究人员需要准备结题材料,参与或组织相关学术活动,进行成果验收和申报奖项等。他们往往需要同类研究或相关研究的详细资料,以便进行比较、验收和申报奖项。因此,学科馆员应提供科技查新、查收查引等服务。

(4)推广阶段

在成果推广阶段,研究人员需要搜集项目的相关评价信息,跟踪其成果被应用的领域、学术影响力和后续发展,以便确定下一步的研究方向、寻找未来的合作伙伴及后续项目的申报准备。因此,学科馆员可以提供论文被收录、引用及影响力分析等检索报告,并提供科研成果和研究文档的机构库存档服务。

2. 嵌入 E-Research 环境下的科研过程

E-Research 环境下,科学研究过程中非核心环节的工作量骤增,各种资源的生产速度和更新速度将越来越快,面对快节奏、高难度的研究压力,科研人员难以承担如此大的资源体系的组织和管理工作。学科馆员具有信息管理以及支持科研的经验和优势,能够帮助科研人员承担一些非核心工作,完成科研过程中的部分环节。

(1)科学数据服务

不同的研究领域都会产生相关的科学数据,如生物学、医学等领域产生的科学技术数据,社会科学领域产生的人口普查、经济分析数据等。在 E-Research 环境下,科学数据的生产速度和效率发生了质的变化,科学数据在科学研究中的重要性日益突出。相应地,如何发现、搜集、整理、存储、加工、组织、传递和共享这些数据就成了 E-Research 中备受关注的问题。

由于学科馆员具有学科专业知识,与院系保持长期稳定的沟通与合作,了解用户需求和用户行为,并具有丰富的用户培训等服务经验,是从事数据管理工作非常合适的人选。首先,学科馆员可以通过培训、讲座、研讨会等形式在科研人员中进行科学数据素养教育和校内科学数据管理项目的宣传,普及科学数据管理知识,提升数据共享意识;其次,利用图书馆文献资源组织与服务经验,协助建立数据提交、数据组织、数据保存、数据共享和数据使用的标准规范;其三,与科研部门或者院系合作开发科学数据管理平台,为科研人员提供管理服务;最后,对科学数据进行再加工,包括建立与其他数据资源和文献资源基于内容的关联以及科学数据的融合、分析与挖掘,同时收集全球相关的科学数据,并通过物理集中或逻辑集成的方式进行有效组织,从而建立科学数据导航，为研究人员提供发现科研数据的工具。

（2）知识服务

E-Research 环境下，学科服务工作与科学研究过程融为一体，图书馆的知识服务也随之融入知识创造过程。其目标是协助科研人员更有效地完成知识创造任务。

E-Research 环境下提供知识的形式主要有两种。一种是直接知识提供，按照研究人员的需求，通过整理和分析大量原始文献、数据等资源，挖掘和提取知识，形成面向用户问题的答案，从而帮助科研人员解决科研过程中的某些难题。另一种是间接知识提供，通过分解和链接原始文献、数据等资源，形成知识单元，向用户提供知识单元及知识单元组装工具，用户利用这些工具动态生成所需要的知识。

E-Research 环境下有效的研究方式和高效的研究工具将大大提高知识成果的产出速度，但是由于科研人员往往专注于科学研究过程，无暇顾及最终知识成果的应用。学科馆员可以承担协助知识成果转化的任务，搭建成果转化的虚拟平台，发布新技术、新产品信息，协助进行知识成果供需方的信息交流和传递，从而促进科学研究所创造的知识价值的实现和增值。如浙金院图书馆主动与当地企业集团联合，以企业财力为后盾，收集和整理企业所需的有关技术经济信息、经济决策信息、管理信息、市场供求信息、政策措施、新产品开发和市场占有率等信息，为企业生产和决策服务。图书馆信息服务人员主动深入基层，调查中小型企业的现状和信息需求，为他们提供信息代理服务，成为企业的信息代理人。同时，把企业需要的项目信息提供给学校优势专业科研人员，做科技需求和成果转化的中介人，帮助企业适应瞬息万变的市场，使其少走弯路，也促进优势专业科研成果的转化进程，从而使高职图书馆在社会化服务中获得更大的社会效益和经济效益，实现互利多赢。

参考文献

[1] 刘敏宣,任志海.图书馆宣传工作探析[J].图书馆论坛,2007
(5):171.

[2] 青木,黄培昭,黄文炜.国外图书馆生存现状调查[N].济南日报,
2017-5-9(2).

[3] 张海云.加拿大图书馆使用率 10 年缘何攀升 45%[N].中国文
化报,2012-1-18(3).

[4] 冯洁音,王世伟.纽约皇后区公共图书馆——世界级城市图书馆
研究之二[J].图书馆杂志,2003(5):74.

[5] 杨红梅.美国和加拿大公共图书馆免费服务探析[J].图书馆建
设,2010(12):80.

[6] 齐藤文男.公立图书馆参考咨询服务的现状及发展[J].现代图
书馆,2003(3):123—129.

[7] 胡海燕.日本公共图书馆读者服务研究[D].武汉:武汉大学,
2005:56.

[8] 陈格理.展向未来的大学图书馆:Hunt 图书馆[J].图书馆论坛,
2015(2):102-106.

[9] Joan M Reitz. Online Dictionary for Library and Information Sci-
ence[EB/OL].[2009-9-28]. http://lu. com/odlis/search. cfm.

[10] 杨艳,郑丽仙.网络环境下图书馆信息服务的走向[J].图书馆

建设,2002(6):14—16.

[11] Shumaker D,Talyer L A. Embedbed Library Services:an initial inquiry into pratice for their development,management and delivery[C]. Colorado. The Special libraries Association Annual Conference Denver,2007.

[12] 柯平,唐承秀.高校图书馆学科馆员工作创新——兼谈南开大学图书馆开展学科馆员工作的经验[J].大学图书馆学报,2003(6):42—45.

[13] 陈进.思源籍府 书香致远——上海交通大学图书馆馆史:1896-2012[M].上海:上海交通大学出版社,2013:226.

[14] 范爱红.美国康奈尔大学的学科馆员工作模式及其启示[J].图书馆杂志,2008(2):63—66.

[15] Karen Williams. A Framework for Articulating New Library Roles [EB/OL]. [2009-10-30]. http://www. arl. org/resources/pubs/rli/archive/rli265. shtml.

[16] Elizabeth Dupuis. Amplifying the Educational Role of Librarians[EB/OL]. [2009-10-30]. http://www. arl. org/resouurces/pubs/rli/archive/rli265. shtml.

[17] 清华大学图书馆.学科服务[EB/OL]. [2017-04-27]. http://lib. tsinghua. edu. cn/service/sub_librarian. html.

[18] 周晓晴,曾英姿.专题数据库建设探析[J].大学图书馆学报,2000(2):73.

[19] 熊欣欣,何钧,周晓丽,张长恒.图书馆知识导引系统——LibGuides 应用研究[J].图书馆理论与实践,2012(4):94.

[20] 初景利,张冬荣.第二代学科馆员与学科化服务[J].图书情报工作,2008(2):6—10.

[21] 黄萍莉,谢守美,龚主杰.面向科研的嵌入式服务的协同架构体系[J].情报资料工作,2013(6):47.

[22] 范爱红.学科服务发展趋势与学科馆员新角色:康奈尔范例研究[J].图书情报工作,2012(3):15—20.

[23] 张毓晗 张宇娥.英国约克大学图书馆学科服务的特点与启示[J].图书情报工作,2016(11):82—87.

[24] 洪跃.新加坡南洋理工大学图书馆学科服务模式及其启示[J].图书馆杂志,2015(2):94—100.

[25] 郭晶,黄敏,陈进,郑巧英.上海交通大学图书馆学科服务创新的特色[J].图书馆杂志,2010(4):32—34,19.

[26] 宋姬芳.大学图书馆学科知识服务能力理论与实践[M].北京:海洋出版社,2015:203—205.

[27] 李志芳.国内外高校图书馆学科服务的对比分析——基于国外iSchool 联盟和国内"985"高校图书馆的调查[J].图书情报工作,2017,61(11):71—79.

[28] 马玉玲.中美大学图书馆学科馆员的比较分析[J].情报资料工作,2010(4):107—110.

[29] 段美珍,赵援.中外高校图书馆学科服务现状对比研究[J].国家图书馆学刊,2017(1):14—22.

[30] 郭晶.图书馆学科化服务与进展[M].上海:上海交通大学出版社,2013:134.

[31] 韩丽风,钟建法,图书馆资源建设学科化的组织模式与保障机制研究[J].图书情报工作,2011(15):72—76.

[32] 邢雅杰.论高校专业文献信息资源建设中的数字资源与纸质资源互补利用[C].全国高校社科信息资料研究会第六次会员代表大会暨第13次学术研讨会论文集.呼和浩特,2010.

[33] 张玉珍.在竞争中共同发展——论电子文献与纸质文献的关系[J].中国图书馆学报,2003(1):52—55.

[34] 肖希明,袁琳.中国图书馆藏书发展政策研究[M],南京:南京大学出版社,2002:211.

[35] 肖珑,李浩凌,徐成.ALIS数字资源评估指标体系及其应用指南[J].大学图书馆学报,2008(3):2—3.

[36] 万彤,周蓉,陈欣,杨婵娟.学科核心出版社的确定方法研究——以西南交通大学交通运输专业为例[J].四川图书馆学报,2011(3):46—49.

[37] 阎亚矢.学科馆员与文献资源建设[J].现代情报,2008(5):200—202.

[38] 于静.高校图书馆学科资源建设采访组织模式与保障机制探索[J].图书馆杂志,2013(6):58—61.

[39] 杨华."高校教学基地"建设——高校图书馆纸质资源建设重点及策略[J].图书情报工作,2016(6):105—107.

[40] 钟建法,韩丽风.学科资源建设与学科服务一体化发展模式研究[J].大学图书馆学报,2012(2):56—60.

[41] 刘晓霞,王宗亮.学科馆员与学科资源建设的实证研究[J].图书馆杂志,2012(8):43—46.

[42] 蔡金燕.美国高校图书馆学科资源建设及学科服务研究——以四所美国商学院图书馆为例[J].新世纪图书馆,2015(12):62—66.

[43] 黎燕明.基于学科服务的文献资源建设探讨[J].大学图书情报学刊,2015(3):67—70.

[44] 韩小亚,王黎,徐变云.图书馆资源建设学科化实施模式研究[J].图书馆学研究,2016(2):40—43.

[45] 国务院.国务院关于加快发展现代职业教育的决定:国发〔2014〕19号[A/OL].[2014-06-22].http://www.gov.cn/zhengce/content/2014-06/22/content_8901.htm.

[46] 中华人民共和国民政部.现代职业教育体系建设规划(2014—2020年)[EB/OL].[2014-06-30].http://jnjd.mca.gov.cn/article/zyjd/zcwj/201406/20140600660060.shtml.

[47] 中华人民共和国教育部.教育部关于印发《高等职业教育创新发展行动计划(2015—2018年)》的通知:教职成(2015)9号[A/OL].[2015-10-21].http://www.moe.gov.cn/srcsite/A07/moe_737/s3876_cxfz/201511/t20151102_216985.html.

[48] 中华人民共和国教育部.教育部关于印发《普通高等学校图书馆规程》的通知:教高(2015)14号[A/OL].[2016-01-04].http://www.moe.edu.cn/srcsite/A08/moe_736/s3886/201601/t20160120_228487.html.

[49] 蒋西明.高职图书馆学科服务对象的需求分析[J].科技风,2014(19):241-242.

[50] 顾伟泉.论教师的信息行为[J].教育评论,2000(1):28—30.

[51] 谢燕.高职学生信息行为模式调查分析——以柳州铁道职业技术学院为例[J].广西教育,2016(19):30—31.

[52] 周秀明,沙勇忠.高校信息用户需求分析及参考咨询服务对策[J].图书馆学研究,2009(4):74—76.

[53] 刘雁.高校图书馆核心用户信息需求分析[J].图书馆工作与研究,2008(10):72—74.

[54] 孙林山.我国信息用户需求和信息行为分析研究综述[J].图书馆论坛,2006(5):41—44.

[55] 孙愈华.高校图书馆信息服务对象多元化思考[J].情报探索,

2012(10):117—119.

[56] 乔冬敏,于丽萍.新信息环境下高校图书馆用户信息需求调查分析[J].图书与情报,2010(4):91—93,99.

[57] 张旭.高校图书馆的信息环境对读者信息行为的影响[J].现代情报,2008(12):59—62,66.

[58] 浙江省教育厅.2017年浙江教育事业发展统计公报[EB/OL].[2018-04-03].http://www.zjedu.gov.cn/news/15227196498 9363833.html.

[59] 周长强,白万英.运用跨界服务理念,促进高校图书馆资源的活化与转化——以大学生就业创业信息服务为例[J].图书馆工作与研究,2012(10):21—24.

[60] 复旦大学图书馆.CALIS中国高校教学参考书全文数据库[EB/OL].[2012-07-2].http://www.library.fudan.edu.cn/main/info/964.htm.

[61] 蒋喜锋,刘小强.必须全面理解高职实践教学的功能与意义[J].职业技术教育,2006(1):90—91.

[62] 陈维军,李亚坤.泛在知识环境下的图书馆[J].图书馆杂志,2006,25(9):3—6.

[63] 黄艳娟,丛望,盛秋艳.基于VRE的图书馆学科服务模式设计[J].图书馆学研究(理论版),2010(10):66—68.

[64] 李冬梅,郑瑜,郭锡丽,吴先福.高校学科服务团队与科研团队的对接服务研究[J].图书馆工作与研究,2013(10):45—47,51.